LIÇÕES DE VENCEDOR

SILAS MALAFAIA

LIÇÕES DE VENCEDOR

COMO OS HERÓIS DA BÍBLIA SUPERARAM DESAFIOS PARA ALCANÇAR A VITÓRIA E O SUCESSO

NOVA EDIÇÃO ATUALIZADA E AMPLIADA

THOMAS NELSON
BRASIL

Rio de Janeiro, 2014

Copyright © 2014 by Silas Lima Malafaia

PUBLISHER	*Omar de Souza*
EDITOR RESPONSÁVEL	*Samuel Coto*
PRODUÇÃO	*Thalita Aragão Ramalho*
CAPA	*Julio Moreira*
REVISÃO	*Joanna Barrão Ferreira*
	Judson Canto
	Magda de Oliveira
	Margarida Seltmann
PROJETO GRÁFICO E DIAGRAMAÇÃO	*Julio Fado*

CIP-BRASIL. CATALOGAÇÃO-NA-FONTE
SINDICATO NACIONAL DOS EDITORES DE LIVROS, RJ

M236v

Malafaia, Silas
  Lições de vencedor / Silas Malafaia. – 2. ed. atualizada e ampliada – Rio de Janeiro: Thomas Nelson Brasil, 2014.

  ISBN 978-85-7860-588-9

  1.Vida cristã - Escritores da Assembleia de Deus. I. Título.

CDD: 248.48994
CDU: 248

Todos os direitos reservados a Thomas Nelson Brasil
Rua Nova Jerusalém, 345 – Bonsucesso
Rio de Janeiro – RJ – CEP 21402-325
Tel.: (21) 3882-8200 – Fax: (21) 3882-8212 / 3882-8313
www.thomasnelson.com.br

Sumário

Prefácio 7
Introdução 9

Capítulo 1. Grandes vitórias depois de grandes problemas 11
Capítulo 2. Passo a passo para uma vida triunfante 19
Capítulo 3. A atuação de Deus 33
Capítulo 4. O prêmio da mulher que ousou crer 47
Capítulo 5. O servo que se preocupou com a adversidade alheia 57
Capítulo 6. O perigo das pedras de tropeço 69
Capítulo 7. O exemplo de um vaso escolhido 79
Capítulo 8. Segurança em meio às tempestades 93
Capítulo 9. Provisão para todas as necessidades 105
Capítulo 10. Lidando com os conflitos 117
Capítulo 11. Vencendo a depressão 131
Capítulo 12. Vencendo com a família 147
Capítulo 13. Enfrentado o inimigo do lar 159
Capítulo 14. Para liderar de forma vitoriosa 173
Capítulo 15. A vitória do Senhor em minha vida 183

Conclusão 191
Guia de estudo do vencedor 193
Sobre o autor 229

Prefácio

Quando Silas Malafaia fala, eu presto atenção.
Quando Silas Malafaia ensina, eu mudo.
Ele tem transformado a vida de milhões com sua notável sabedoria.
É um amigo de longa data. É com prazer e satisfação que prefacio a segunda edição de *Lições de vencedor*. O Silas não é um teórico sobre o assunto, é um *expert*. A história dele é de sucesso, pois ele conhece por experiência própria as lições de um vencedor.
Sua trajetória foi escrita com muitas lutas e adversidades, e Deus o abençoou com vitórias e conquistas. Não é um vencedor apenas porque se tornou pastor, psicólogo e um grande formador de opinião e comunicador brilhante, alcançando milhões de lares ao redor do mundo por meio de seu programa Vitória em Cristo, do qual já tive a honra de participar. O segredo do Silas é o mesmo de muitos heróis e heroínas da Bíblia: eles superaram os desafios e acumularam vitórias porque viviam constantemente na presença do Invisível, do Senhor dos Exércitos, que desconhece a derrota.

Prefácio

Mas nem tudo foi fácil na vida dos heróis da Bíblia, como também não foi fácil na vida do meu amigo Silas. É assim que acontece: depois dos grandes problemas vêm as grandes vitórias. Que o digam Abraão, Jacó, Moisés, Davi, Isaías, Jeremias, Paulo, Silas e você, caríssimo leitor.

Não tenho dúvidas de que a mão de Deus está sobre este livro. Deus quer o melhor para seus filhos. Ele não nos criou para uma vida de derrotas, apesar de essa ser a realidade na vida de muitos filhos de Deus, que ainda não se deram conta do passo a passo para um vida triunfante. Está tudo na Bíblia, na Palavra inspirada de Deus. Muitos só olham para os obstáculos, mas não recorrem à Grande Rocha da nossa salvação, em quem nós temos a vitória, a segurança em meio às tempestades e a provisão para todas as necessidades. *Lições de vencedor* trata disso tudo com a sabedoria divina.

Não tenho dúvida de que o povo de Deus no Brasil será muito abençoado com a leitura deste livro. Os leitores que praticarem seus princípios extraídos da Bíblia poderão testemunhar sobre a vitória do Senhor em suas vidas. Eu quero profetizar bênçãos em sua vida por meio desta ferramenta de Deus.

Parabéns, pastor Silas Malafaia, por mais esta conquista. Parabéns, Thomas Nelson Brasil, por investir nessa edição ampliada para a Igreja brasileira, e parabéns a você, leitor, por dar ouvidos à voz de um homem de Deus comprometido com o Senhor e com o seu Reino. Que este livro seja um marco em sua vida, para a honra e a glória do Senhor. Amém!

Este livro pode ser o melhor presente que você já deu àqueles a quem estima.

Mike Murdock

Introdução

Alguns personagens da Bíblia Sagrada transcendem a época em que viveram e servem de inspiração nos dias de hoje: são os heróis bíblicos, gente de carne e osso como cada um de nós, mas que tiveram a capacidade de superar suas deficiências e enfrentar os desafios com a força de sua confiança em Deus. Sua trajetória é paradoxal — se, por um lado, tiveram de encarar suas fraquezas, seus medos, seus dramas e seus desafios; por outro, experimentaram vitórias, livramentos, graça e sucesso. Homens e mulheres retratados nas páginas da Bíblia são um resumo de tudo de bom e de ruim que o gênero humano tem experimentado e produzido na Terra. Com uma diferença: muitos deles se permitiram ser instrumentos nas mãos de Deus. Isso fez toda a diferença em suas vidas. E pode fazer na sua também.

As páginas da Bíblia mostram os conflitos pessoais de muitos servos do Senhor. Que dizer, por exemplo, do patriarca Abraão, que em certo momento aparece desanimado pela demora no cumprimento da promessa divina de que teria um filho? E o grande profeta Elias, deprimido e pedindo a morte, em pleno deserto, por conta das ameaças que recebia? Josué, por sua vez, precisou ser diretamente estimulado por Deus para superar os próprios temores e entrar com o povo na Terra Prometida. Ana chegou a chorar diante do Senhor, desesperada com a vergonha de ser estéril. Neemias também chorou; longe de sua terra, lamentava pela sorte da cidade santa de Jerusalém, arrasada pelos inimigos de Israel.

No Novo Testamento, vemos Pedro experimentando o paradoxo de trair o Mestre a quem jurara lealdade até a morte, e Paulo confessando abertamente os paradoxos que lhe iam na alma. Descobrimos, então, como eles eram parecidos conosco. No entanto, todos acabaram triunfando em nome do Senhor. Qual o segredo daqueles heróis da fé? Simplesmente, tiraram o foco das suas fraquezas e resolveram depender inteiramente do seu Deus. Da mesma forma, a vida cristã se apresenta hoje com o mesmo desafio.

Afinal, por que relutamos tanto em assumir aquilo que o Senhor tem para nós e preferimos patinar na nossa falta de confiança no Pai? Não precisamos agir assim.

Nosso objetivo com esta obra é mostrar ao leitor, por meio da análise da trajetória de alguns personagens bíblicos, que a vitória é possível, se buscada junto com o braço forte do Senhor. Embora cada um deles tenha vivido experiências particulares, há um elo que salta aos olhos em suas trajetórias de vida: a cristalina verdade de que é possível triunfar, apesar de nossas fraquezas e incoerências. Basta que comecemos a depender inteiramente do Senhor, em todas as circunstâncias. Assim, aprenderemos que as derrotas ficarão para trás, e que, a despeito de todas as lutas e provações, o êxito é possível. Vencer na vida não é tão somente um sonho — ontem e hoje, tem sido uma realidade na vida de muitos que confiam no Senhor.

Capítulo 1

Grandes vitórias depois de grandes problemas

"E disseram-lhe: Onde está Sara, tua mulher? E ele disse: Ei-la, aí está na tenda. E disse: Certamente tornarei a ti por este tempo da vida; e eis que Sara, tua mulher, terá um filho. E ouviu-o Sara à porta da tenda, que estava atrás dele. E eram Abraão e Sara já velhos e adiantados em idade; já a Sara havia cessado o costume das mulheres. Assim, pois, riu-se Sara consigo, dizendo: Terei ainda deleite depois de haver envelhecido, sendo também o meu senhor já velho? E disse o Senhor a Abraão: Por que se riu Sara, dizendo: Na verdade, gerarei eu ainda, havendo já envelhecido? Haveria coisa alguma difícil ao Senhor? Ao tempo determinado, tornarei a ti por este tempo da vida, e Sara terá um filho" (Gênesis 18:9-14).

Esse trecho do livro do Gênesis conta a história de uma mulher que não podia ter filhos. Sara, mulher de Abraão, já tinha idade avançada, assim como seu marido. Logicamente, já não tinham a capacidade de procriar. Um dia, Abraão, homem temente a Deus, recebeu a visita do Senhor, que lhe apareceu na forma de um viajante desconhecido. A certa altura, aquele homem anunciou

Capítulo 1

que Sara seria mãe. E o que fez ela? Exatamente o que muitos de nós fariam diante de um aparente disparate: riu. Sua reação, bastante compreensível, suscitou então uma pergunta da parte de Deus, cujas palavras têm edificado a fé dos fiéis de todos os tempos: "Porventura, há algo difícil demais ao Senhor?"

A verdade é que a história toda não começou ali. Ao contrário, vinha de tempos antes, desde que o patriarca, ainda chamado Abrão, ouviu uma ordem direta de Deus: "Sai-te da tua terra, e da tua parentela, e da casa de teu pai, para a terra que eu te mostrarei. E far-te-ei uma grande nação, e abençoar-te-ei, e engrandecerei o teu nome, e tu serás uma bênção. E abençoarei os que te abençoarem e amaldiçoarei os que te amaldiçoarem; e em ti serão benditas todas as famílias da terra" (Gênesis 12:1-3).

Ora, para que tais promessas fossem cumpridas, era fundamental que Abrão tivesse descendência, o que não ocorrera até ali. Ele obedeceu ao Senhor e foi para onde lhe fora indicado. No entanto, no capítulo 15, observamos Abrão um tanto desapontado, pois o filho prometido simplesmente não chegava, e o tempo passava, tornando ainda mais difícil que Sara um dia engravidasse.

Imagine a frustração do casal, lembrando-se de todas as afirmações que Deus lhes fizera, no sentido de suscitar deles uma grande nação, na qual seriam benditos todos os povos da Terra! Em meio a esse desânimo, o Senhor o chama para fora de sua tenda e lhe diz: "Olha, agora, para os céus e conta as estrelas, se as pode contar. E disse-lhe. Assim será a tua semente" (Gênesis 15:5). O Senhor o animou ao renovar a promessa que lhe fizera, mas a bênção não chegava. E, como acontece muitas vezes conosco por não termos paciência, Abrão se adiantou, tentando dar sua contribuição humana à realização dos propósitos divinos e atender ao pedido de sua esposa.

Sabedora da promessa do Senhor, mas ansiosa demais para ver o seu cumprimento, sem atinar para as consequências de seu plano, Sara fez a seguinte proposta ao seu marido: "Ora, Sarai, mulher de Abrão, não lhe gerava filhos, e ele tinha uma serva egípcia, cujo nome era Agar. E disse Sarai a Abrão: Eis que o Senhor me tem impedido de gerar; entra, pois, à minha serva; porventura terei filhos dela. E ouviu Abrão a voz de Sarai. Assim, tomou Sarai, mulher de Abrão, a Agar, egípcia, sua serva, e deu-a por mulher a Abrão, seu marido, ao fim de dez anos que Abrão habitara na terra de Canaã" (Gênesis 16:1-3).

O tempo mostrou que aquele foi um terrível engano. Assim, fica-nos uma lição: todas as ocasiões em que o homem interfere em uma área que não é de sua competência — no caso, a realização de uma promessa que só Deus poderia cumprir —, acaba por arrumar problemas. E, para Sarai, eles não tardaram. O filho que nasceu da escrava, Ismael, foi motivo de contenda entre ela e a mãe do menino, e objeto de desavença com o próprio marido.

Abrão acabou tendo que abandonar Agar e a criança à própria sorte, e ambos morreriam se não fosse o socorro do Senhor. Mas os problemas não se limitaram aos protagonistas do episódio. Eles se perpetuaram nas gerações subsequentes e se arrastam até hoje. Ismael deu origem aos povos árabes, adversários dos judeus, descendentes de Abraão até hoje. Ao longo dos séculos, os dois povos têm se confrontado, com resultados terríveis para ambos os lados. E tudo isso aconteceu por causa da precipitação do homem em se antecipar à providência divina. Quanta guerra, perturbação e problemas poderiam ter sido evitados!

Que lição podemos tirar desse episódio? Simples: quando Deus nos faz uma promessa, não precisamos ajudá-lo a cumpri-la. Ele vai cumprir, porque aquele que promete é poderoso para fazer. "Haveria alguma coisa difícil ao Senhor? Ao tempo determinado, tornarei a ti por este tempo da vida, e Sara terá um filho" (Gênesis 18:14). Entretanto, a despeito dessa lição tão clara, nossa tendência continua sendo a mesma. Quando Deus nos promete alguma coisa, desejamos recebê-la imediatamente, sem esperar o tempo do Senhor. E, se não a recebemos, ficamos angustiados, ansiosos, e podemos, como Abrão e Sarai, acabar nos precipitando.

O TEMPO CERTO DE DEUS

Saber esperar o tempo determinado pelo Senhor faz a diferença entre obter a vitória ou sofrer amargas consequências. Deus pode nos prometer algo, mas isso não significa que ele o vai cumprir hoje, amanhã ou depois. Tudo acontecerá no tempo determinado. Em outras palavras: na melhor hora, porque Deus não se adianta nem se atrasa no cumprimento de seus propósitos.

Deus sabe quem somos. Ele sabe muito bem o que podemos e o que não podemos ter ou fazer, o que suportamos e o que não suportamos; se a nossa estrutura é adequada ou inadequada para recebermos alguma coisa. Assim, ele determina o tempo mais apropriado para dar-nos a bênção. E nesse tempo, certamente, já estaremos prontos para tomar posse dela.

Veja o que aconteceu a Abrão e a Sarai. Não interessava se Sarai era velha; não importava se Abrão era idoso. Na realidade, naquelas circunstâncias, não interessavam as leis biológicas, segundo as quais um casal de anciãos não tem capacidade de gerar filhos. O que interessava era a garantia de que a promessa fora feita por Deus. "Desde o nascente do sol, e desde o poente, fora de mim não há outro; eu sou o Senhor, e não há outro. Eu formo a luz e crio as trevas; eu faço a paz, e crio o mal; eu, o Senhor, faço todas essas coisas [...] Ai daquele que contende com o seu Criador" (Isaías 45).

Quem somos nós para dizer a Deus que alguma coisa está tardando, ou que tem de acontecer aqui e agora? Aquietemo-nos, e aguardemos a hora de Deus. Se Ele prometeu, é certo que nos dará a vitória — e na hora certa, pois Deus é zeloso.

No tempo apropriado, Sara deu à luz o menino. "E o Senhor visitou a Sara, como tinha dito; e fez o Senhor a Sara como tinha falado. E concebeu Sara e deu a Abraão um filho na sua velhice, ao tempo determinado, que Deus lhe tinha dito" (Gênesis 21:1,2). Aconteceu então o milagre com o nascimento de Isaque — nome que, sugestivamente, significa "sorriso" —, que viria a ser um dos patriarcas dos hebreus e da nação de Israel. Isso aumenta a nossa certeza de que, se precisarmos de um milagre, o Senhor Deus estará ao nosso lado. Aquele que opera maravilhas estará conosco. Aleluia!

SOCORRO NAS DIFICULDADES

No livro do Êxodo 14, vemos uma outra grande história. Trata-se da saída de Israel do Egito, onde o povo de Deus foi escravizado ao longo de 430 anos, e o episódio épico da travessia pelo Mar Vermelho. Nessa passagem, a Bíblia menciona três grandes problemas, que começaram com a perseguição movida por Faraó, o rei egípcio, aos hebreus, pouco depois de sua saída. "E aprontou o seu carro, e tomou consigo o seu povo, e tomou seiscentos carros escolhidos, e todos os carros do Egito, e os capitães sobre eles todos" (Êxodo 14:6,7).

O primeiro problema eram as circunstâncias. Um povo inteiro estava vulnerável em meio a um deserto. Os judeus saíram das terras egípcias conduzindo tudo que lhes pertencia; além disso, a enorme caravana, estimada em mais de dois milhões de pessoas, incluía crianças, idosos e enfermos. Certamente, a trajetória rumo à Terra Prometida já seria árdua, mesmo sem qualquer perseguição. Imagine a situação dos judeus, tendo em seu encalço a mais poderosa força militar da época. Faraó escolhera o melhor de que dispunha, com o objetivo de dominar os hebreus e reconduzi-los à escravidão. Da mesma forma, quando o inimigo vem lutar contra nós, traz consigo o melhor que tem.

Capítulo 1

O segundo problema era o local. "Então, falou o Senhor a Moisés, dizendo: Fala aos filhos de Israel que voltem e que acampem diante de Pi-Hairote, entre Migdol e o mar, diante de Baal-Zefom; em frente dele assentareis o campo junto ao mar" (Êxodo 14:1,2). Eu já passei duas vezes pelo deserto do Egito. Se existe um lugar ruim para alguém ser perseguido, esse é aquele deserto. A imensidão árida abrange toda a Península do Sinai, que hoje marca a fronteira entre Egito e Israel. É um terreno quase plano, com pequenas elevações, onde não há esconderijos. Fica-se totalmente a céu aberto. Não existem cavernas, montanhas ou matas onde se abrigar.

O lugar onde estavam os hebreus era uma planície que se estende até as margens do Mar Vermelho. Não há como não ser visto; uma pequena caravana não teria como se esconder, quanto mais um povo inteiro. Os hebreus, ali, estavam inteiramente vulneráveis. E o que é pior — sem armas ou qualquer experiência em combate, já que estavam vindo de mais de quatro séculos de subjugação.

O terceiro problema era o próprio mar à sua frente. Quais seriam as chances de escapar daquele perigo? Havia um inimigo valente que dominava a arte da guerra se aproximando. O terreno não era propício; o povo estava à mercê do adversário em campo aberto. E ainda por cima, à frente, estava o litoral, impedindo o caminho. Evidentemente, os hebreus não dispunham de embarcações; e, ainda que as tivessem, como seria possível transportar tamanha quantidade de gente, animais e pertences de todo tipo? Tudo indicava que Israel seria uma presa fácil. A situação ficou tão ruim que o povo murmurava abertamente contra a liderança de Moisés.

Àquela altura, muita gente já preferia ter permanecido no Egito, escravizada, já que a morte no deserto parecia iminente. No entanto, foi exatamente naquela hora que Deus começou a agir. Depois de ter instruído Moisés para que, com a vara, abrisse o Mar Vermelho, ele disse: "E eis que endurecerei o coração dos egípcios para que entrem nele atrás deles; e eu serei glorificado em Faraó, e em todo o seu exército, e nos seus carros, e nos cavaleiros, e os egípcios saberão que eu sou o Senhor, quando for glorificado em Faraó, e nos seus carros, e nos seus cavaleiros" (Êxodo 14:17,18).

A GLÓRIA DE DEUS EM MEIO À LUTA

Os propósitos de Deus são insondáveis. Talvez também estejamos vivendo uma situação de aflição, em que aparentemente não há saída. Muitas vezes, o próprio Senhor nos deixa chegar a esse ponto, para cumprir em nós seus inescrutáveis propósitos. A Bíblia é clara neste sentido: "Porque os meus pensamentos não são os vossos pensamentos, nem os vossos caminhos, os meus caminhos, diz o Senhor. Porque, assim como os céus são mais altos do que a terra, assim são os meus caminhos mais altos do que os vossos caminhos, e os meus pensamentos, mais altos do que os vossos pensamentos" (Isaías 55:8,9).

O povo só o entendeu depois, mas o fato é que Deus deixou que chegassem àquela situação no deserto para que seu nome fosse glorificado no meio de Israel. O detalhe é que, mesmo em meio à tribulação da travessia do deserto, Deus montou uma estratégia para proteger seus escolhidos, de modo que não fossem alcançados pelas forças de Faraó: "E o anjo de Deus, que ia adiante do exército de Israel, se retirou, e ia atrás deles; também a coluna de nuvem se retirou de diante deles e se pôs atrás deles. E ia entre o campo dos egípcios e o campo de Israel, e a nuvem era escuridade para aqueles e para estes esclarecia a noite, de maneira que em toda a noite não chegou um ao outro" (Êxodo 14:19,20).

Cada vez que os egípcios se aproximavam, tanto a coluna de fogo como a nuvem enviadas pelo Senhor retardavam seu avanço. Trata-se de uma metáfora da ação do Senhor em nossa vida. A presença de Deus para Faraó foi trevas, pois ele exerce juízo contra inimigos de seu povo. Mas para nós, que cremos nele, nasce o sol da justiça. Não

Capítulo 1

importa a adversidade, a guerra, a força do inimigo — entre nós e o inimigo, existe um Deus Todo-poderoso. Afinal, "mil cairão ao teu lado, e dez mil à tua direita; mas tu não serás atingido", conforme Salmos 91:7. Os próprios egípcios reconheceram contra quem estavam lutando: "Fujamos da face de Israel, porque o Senhor por eles peleja" (Êxodo 14:24,25).

O restante da história é bem conhecido. Orientado pelo Senhor, Moisés estendeu seu cajado sobre as águas do Mar Vermelho, que milagrosamente se abriram à frente do povo. "Os filhos de Israel foram pelo meio do mar seco; e as águas eram-lhes como muro à sua mão direita e à sua esquerda" (Êxodo 14:29). E os hebreus seguiram adiante, pelo leito do mar, até que, quando já iam pela metade da distância entre as duas margens, Faraó e seu exército apareceram. Quando o último do povo saiu do outro lado, o Senhor deu o livramento completo. "Então, Moisés estendeu a sua mão sobre o mar; e o mar retomou a sua força ao amanhecer, e os egípcios fugiram ao seu encontro; e o Senhor derribou os egípcios no meio do mar, porque as águas, tornando, cobriram os carros e os cavaleiros de todo o exército de Faraó, que os haviam seguido no mar, e nem um deles ficou" (Êxodo 14:27,28).

Quando Deus resolve fazer triunfar seus escolhidos, a vitória é completa. Assim como o povo de Israel, nosso triunfo no Senhor será total e completo. Não importa qual seja o problema, nem o seu tamanho. O que importa é que o poder do Senhor é infinitamente maior. E, para grandes problemas, ele reserva grandes vitórias!

Capítulo 2

Passo a passo para uma vida triunfante

"E sucedeu, depois da morte de Moisés, servo do Senhor, que o Senhor falou a Josué, filho de Num, servo de Moisés, dizendo: Moisés, meu servo, é morto; levanta-te, pois, agora, passa este Jordão, tu e todo este povo, à terra que eu dou aos filhos de Israel [...] Esforça-te e tem bom ânimo, porque tu farás a este povo herdar a terra que jurei a seus pais lhes daria [...] Não se aparte da tua boca o livro desta Lei; antes, medita nele dia e noite, para que tenhas cuidado de fazer conforme tudo quanto nele está escrito; porque, então, farás prosperar o teu caminho e, então, prudentemente te conduzirás" (Josué 1:1-8).

Josué é outro personagem bíblico de quem muito podemos aprender para nosso benefício espiritual. A Bíblia o mostra como um jovem valoroso, que seguia de perto a Moisés. Com a morte do grande libertador, coube a ele a responsabilidade de guiar o povo na conquista de Canaã. Ao verificarmos os detalhes de sua atuação como líder à frente dos israelitas, percebemos que Deus não despreza as capacidades humanas e não ridiculariza aquilo que ele mesmo fez.

Capítulo 2

Às vezes, pensamos que as vitórias almejadas em nossa vida dependem exclusivamente do poder divino. Essa ideia é ainda mais reforçada pelo tamanho da dificuldade que estamos passando. Isso quer dizer que, quanto mais renhida for a luta, tanto maior será a nossa convicção de que dependemos somente de Deus e a nossa certeza de que, em nós mesmos, não existe qualquer elemento que possa contribuir para que sejamos vitoriosos. Mas, nem sempre isso é verdade.

Josué teve o que podemos chamar de uma vida triunfante. Em sua biografia, vamos encontrar dois elementos fundamentais para que alguém alcance a vitória diante do Senhor: a capacidade humana e dimensão espiritual. Esses dois elementos reunidos podem nos propiciar, também, grandes vitórias.

A CAPACIDADE HUMANA

Logo no início do livro de Josué, o Senhor o estimula a colocar em prática sua própria capacidade. Em outras palavras, ele estava dizendo a Josué: "Levante-se, saia da inércia, comece a agir."

Não se engane: ninguém recebe as bênçãos de Deus se ficar simplesmente parado, esperando a ação divina. Ao longo de toda a Bíblia, vemos que as pessoas mais usadas e abençoadas pelo Senhor foram justamente aquelas que saíram da inércia e fizeram a sua parte.

No Reino de Deus as coisas funcionam dessa maneira. Veja o exemplo da mulher que sofria com o fluxo de sangue. Mesmo enferma e debilitada — afinal, aquele sofrimento já se arrastava havia 12 anos —, ela não se comportou como muita gente, que simplesmente espera que a bênção chegue. Ao contrário, sem levar em conta a sua fraqueza física, assim que soube que Jesus iria passar por onde vivia, apressou-se a sair ao seu encontro. Nem mesmo a multidão que cercava o Mestre foi capaz de fazê-la desistir de seu intento. Simplesmente, animava a si mesma com estas palavras: "Se tão somente tocar em suas vestes, serei curada." Que obstinação de fé! Aquela mulher, cujo nome a Bíblia sequer menciona, é um exemplo para todos os cristãos. E a vitória veio. Assim que tocou na orla da veste de Cristo, ela foi imediatamente curada de sua enfermidade.

Quem sabe você também não esteja precisando sair do seu lugar e começar a se movimentar a fim de receber sua bênção? Talvez, como aquela mulher, seja necessário que você utilize a sua força de vontade, tenha a capacidade de levantar-se, de atravessar a multidão e tocar em Jesus. Certamente, tal atitude de fé vai demandar esforço; porém, o resultado é ser alcançado pelo poder e a graça de Deus.

Portanto, se você pensa que pode ficar parado, esperando que Deus faça tudo por você, está enganado. Lembre-se de que, no episódio da ressurreição de Lázaro, Jesus determinou que os homens tirassem a pedra que fechava seu túmulo, e só então operou o milagre. Então, tire a pedra! Levante-se de onde está, escolha o melhor caminho para receber o que deseja e vá em frente, com os olhos fitos no Senhor. Faça a sua parte.

FÉ E INICIATIVA

A Bíblia também registra, em 1Reis 19, a história de um homem que caiu em profunda depressão. Não era uma pessoa comum — tratava-se simplesmente do profeta Elias, que realizou maravilhas em Israel pelo poder de Deus. Justamente após seu grande triunfo — quando, depois de ter feito cair fogo do céu e ordenado a execução de centenas de profetas de Baal —, ele recebeu um recado ameaçador. A rainha Jezabel, cheia de malignidade no coração, jurou-lhe vingança pela morte dos falsos profetas: "Assim me façam os deuses, e outro tanto, se decerto amanhã a estas horas não puser a tua vida como a de um deles."

Capítulo 2

Quando o homem de Deus ouviu isso, murchou em seu ânimo. E a partir daí vemos um dos maiores heróis da fé das Escrituras fugindo acovardado para o deserto, rogando ao Senhor que lhe desse o alívio da morte. Elias abrigou-se sob um zimbro e ali ficou desanimado, inerte. Mas a Palavra do Senhor veio até ele: "Levanta-te e come, porque mui comprido te será o caminho" (1Reis 19:7). É como se Deus dissesse ao seu servo: "Saia daí, Elias, porque parado você não vai conseguir nada."

A mesma coisa Deus nos diz hoje. Se você não se movimentar e não tomar iniciativa, jamais alcançará a bênção do Senhor. Então, movimente-se e descubra qual a melhor maneira para apossar-se daquilo que o Pai tem preparado para você. Use a capacidade que Ele mesmo lhe concedeu de tomar a iniciativa de mudar sua vida.

Da mesma forma como agiu com Elias quando fugiu de seus problemas, Deus exortou Josué à ação quando estava com o povo diante do rio: "Levanta-te, e agora passa este Jordão." E disse mais: "Esforça-te e tem bom ânimo; porque tu farás a este povo herdar a terra que jurei a seus pais lhes daria" (Josué 1:6). Repare que não se vê evidência da operação do poder divino nessas palavras, mas simplesmente um convite. Eram uma exortação, uma ordem à ação humana. O que o Senhor queria era que Josué fizesse uso de uma energia maior do que a comum, que se esforçasse além da conta.

POUCO COM DEUS É MUITO

Outro personagem bíblico que foi posto em ação pelo Senhor é Gideão. Sua história está narrada no livro dos Juízes. Na época, Israel estava cercado pelos midianitas, e as condições de vida do povo pioraram muito. Havia fome, já que os inimigos se apossaram de boa parte das colheitas. Gideão conseguira ocultar uma parte do trigo que colhera, e estava escondido em um lagar, malhando as espigas.

O lugar era um pequeno recinto destinado ao amassamento das uvas para produção de vinho. Normalmente, trabalha-se com o trigo em ambientes abertos; contudo, para se proteger, Gideão preferiu ficar ali, onde se achava seguro, embora o serviço naquelas condições demandasse esforço muito maior.

Enquanto estava ocupado com esse labor, eis que o Anjo do Senhor chegando, disse-lhe: "O Senhor é contigo, varão valoroso" (Juízes 6:12). Isso porque Deus tem prazer em ver o esforço dos seus servos. Ele se alegra quando vê um cristão despendendo energia para conseguir as coisas, e era o que Gideão estava fazendo.

Um outro exemplo muito tocante é o de Daniel. O capítulo 10 de seu livro revela que ele orou e jejuou ao longo de 21 dias, sacrificando-se tremendamente em busca de uma resposta do Senhor. Daniel estava determinado. Decidira que não sairia dali enquanto Deus não o atendesse. Então, no vigésimo primeiro dia, chegou o anjo com a sua resposta. "Daniel, homem mui desejado [...], desde o primeiro dia, em que aplicaste o teu coração a compreender e a humilhar-te perante o teu Deus, são ouvidas as tuas palavras e eu vim por causa das tuas palavras. Mas, o príncipe do reino da Pérsia se pôs defronte de mim vinte e um dias, e eis que Miguel, um dos primeiros príncipes, veio para ajudar-me, e eu fiquei ali com os reis da Pérsia" (Daniel 10:11-13).

O período em que Daniel permaneceu em súplicas e jejuns não foi em vão. Havia todo um contexto de guerra espiritual, com a ação de demônios. A figura do príncipe da Pérsia tipifica um espírito mau de grande poder, comandando a outros. Por isso, o anjo disse que teve dificuldades em chegar a Daniel com a resposta de Deus. Mas o clamor daquele servo do Senhor foi fundamental para lhe abrir o caminho. Provavelmente, se Daniel não tivesse orado, ou se orasse menos, ficaria sem a resposta. Mas ele perseverou no propósito a que se impusera, e no vigésimo primeiro dia, Deus o atendeu.

Capítulo 2

O PAPEL DO HOMEM NA AÇÃO DIVINA

No Reino de Deus, as vitórias são concedidas pelo Senhor, mas cabe ao homem grande parcela de participação nesse processo. Isso significa esforço? Sem dúvida. O apóstolo Paulo foi um homem extremamente ativo. Após sua conversão, não teve mais um dia de descanso, sempre percorrendo terras distantes, enfrentando perigos e toda sorte de tribulações para anunciar as boas novas da salvação em Cristo. Chegou a ser apedrejado, espancado e dado como morto. Mas você pensa que ele desanimou, ficou resmungando da vida ou reclamando de Deus? Pelo contrário — levantou-se e voltou, "confirmando os ânimos dos discípulos, exortando-os a permanecer na fé, pois que por muitas tribulações importa entrar no Reino de Deus" (Atos 14:22).

As tribulações ou adversidades não conseguiram derrotar Paulo. Em momento algum ele perdeu sua fé ou seu otimismo. Veja o que disse em Romanos 8:18: "Porque, para mim, tenho por certo que as aflições deste tempo presente não são para comparar com a glória que em nós há de ser revelada." Em outra passagem, ele ensina aos cristãos o valor de ter o pensamento fixado nas coisas de Deus: "Quanto ao mais, irmãos, tudo o que é verdadeiro, tudo o que é honesto, tudo o que é justo, tudo o que é puro, tudo o que é amável, tudo o que é de boa fama, se há alguma virtude, e se há algum louvor, nisso pensai" (Filipenses 4:8). Aqui está o segundo ponto para aqueles que desejam ser otimistas: a maneira como pensamos acaba por determinar quem somos.

A respeito de esforço, veja o que Paulo disse: "Porque bem vos lembrais, irmãos, do nosso trabalho e fadiga; pois, trabalhando noite e dia, para não sermos pesados a nenhum de vós, vos pregamos o Evangelho de Deus" (1 Tessalonicenses 2:9). Embora tivesse dedicado sua vida à obra de Deus, ele não ficou esperando que seu sustento viesse do céu — ao contrário, fez questão de trabalhar em seu ofício de fazedor de tendas a fim de se manter sem depender dos cristãos. Um exemplo para todos nós.

PENSAMENTOS CERTOS E ERRADOS

Há cerca de dez anos, consegui emprego para um rapaz de minha igreja em uma loja. Ele começou sua carreira naquela empresa como auxiliar de escritório. Teve de trabalhar duro, muitas vezes além do horário de expediente, porque o estabelecimento estava em fase de franco crescimento. Mas aquele jovem não reclamou da situação, tampouco se recusou a executar as tarefas extras que lhe eram solicitadas em face do movimento da loja.

E sua dedicação foi recompensada. Ele foi crescendo profissionalmente, galgando diversas posições. Foi promovido a chefe do escritório, chefe de vendas e, finalmente, assumiu o cargo de gerente geral, com um salário bem melhor. Mas isso não foi tudo — a proprietária da empresa, vendo o exemplo que aquele funcionário dava a todos os demais empregados, resolveu premiá-lo, ajudando-o a comprar sua casa própria e um carro. Tempos depois, ele começou até a ser disputado pelas empresas concorrentes, tamanha a sua competência profissional. Será que Deus amou mais aquele moço do que aos outros? Certamente que não — o sucesso que obteve foi fruto de seu esforço.

No entanto, existem cristãos que estão desempregados há muito tempo e ainda fazem exigências aos potenciais empregadores. Há quem se recuse, por exemplo, a trabalhar aos sábados ou domingos; contudo, quem está na situação de desemprego tem condições de escolher os dias em que vai trabalhar, ainda mais levando-se em conta a crise de mercado de trabalho dos nossos dias?

Deus poderá abrir uma porta para você, mas e se for naquelas condições que você não gostaria? Pois mesmo que a oportunidade não pareça tão boa à primeira vista — quem sabe você terá de trabalhar durante as madrugadas, por exemplo —, saiba que essa é justamente aquela porta aberta que você tanto pediu ao Senhor. Esforce-se, esteja disposto a sacrifícios, sabendo que o Pai do céu tem bênçãos a operar em sua vida.

Capítulo 2

Às vezes, em meu ministério, tenho oportunidade de falar aos jovens. Em algumas situações, quando percebo que estão se encaminhando na vida de maneira equivocada, procuro mostrar-lhes os riscos que correm. Nos dias de hoje, oportunidades não aparecem todos os dias, mas muitos jovens parmanecem apáticos, esperando que venham até eles oferecer o emprego dos sonhos. Infelizmente, vemos por aí muitos jovens, ou melhor, adultos, na faixa dos 20, 25 anos, que não querem nada com o trabalho. O que esperam da vida com essa postura passiva? O que pensam sobre o seu futuro? Sem disposição para o esforço, e muito esforço, é quase impossível se destacar em alguma área.

Porém, se você está disposto a "tirar a pedra", fazendo a parte que lhe cabe fazer na construção dos rumos de sua vida, o Senhor certamente providenciará algo melhor para você. Não se esqueça: a vitória vem mediante nosso esforço.

Visão correta

A expressão que Deus usou quando falou a Josué ("Tem bom ânimo"), registrada no versículo 6 do primeiro capítulo de seu livro, pode ser interpretada, na linguagem de hoje, da seguinte maneira: "Seja otimista!" Se você deseja seguir o conselho divino, saiba que há dois pontos a observar. O primeiro; Jesus ensinou em Mateus 6:22,23: "A candeia do corpo são os olhos, de sorte que, se os teus olhos forem bons, todo o teu corpo terá luz; se, porém, os teus olhos forem maus, o teu corpo será tenebroso." A maneira como você vê a vida vai determinar quem você é. Foi exatamente por isso que os soldados de Saul tremeram diante do filisteu Golias. Veja o que diz 1Samuel 17:24: "Porém todos os homens em Israel, vendo aquele gigante, fugiam de diante dele, e temiam grandemente."

Ao contemplarem a figura do gigante, todos ali tiveram medo. Não havia ninguém que conseguisse olhar para ele sem aquela enorme sensação de pavor. Até que chegou Davi, um jovem de aproximadamente 16 anos de idade, com uma perspectiva diferente da visão medrosa dos demais israelitas.

E o jovem pastor inquiriu seus companheiros: "Quem é, pois, este incircunciso para afrontar os exércitos do Deus vivo?" (1Samuel 17:26). Davi sabia que, diante do Deus de Israel, aquele gigante não era nada. E, com essa visão correta diante da adversidade, ele derrotou o enorme adversário e conquistou uma grande vitória, tanto para si, quanto para a sua nação, já que, animado com seu triunfo, o exército hebreu caiu em cima dos filisteus, infligindo-lhes uma tremenda derrota.

Houve outra situação na história de Israel em que a maneira de ver as coisas foi decisiva para o triunfo. Ao chegar às fronteiras de Canaã com o povo de Israel, Moisés, ainda no comando da nação, resolveu espionar a Terra Prometida. Ele precisava saber o que teriam de enfrentar para conquistá-la, bem como as potencialidades daquele território em termos de recursos naturais. O líder, então, resolveu enviar 12 homens — um representando cada tribo de Israel —, entre os quais estavam Josué e Calebe.

Ao final da expedição, os enviados fizeram seu relatório, registrado em Números 13:27-32. O que narraram era empolgante: a terra era rica e produtiva, capaz de sustentar com fartura toda a nação de Israel. Contudo, dez dos espias estavam muito amedrontados. Se quisessem a terra, teriam de lutar por ela. "Naquele lugar o povo é muito poderoso, as cidades são fortes e grandes. Ao sul estão os amalequitas; na montanha estão os heteus, os jebuseus e os amorreus; e perto do mar estão os cananeus." Pior: os habitantes de Canaã eram muito fortes e poderosos. "Também vimos ali gigantes, filhos de Enaque, descendentes dos gigantes; e éramos aos nossos olhos como gafanhotos e assim também éramos aos seus olhos" (Números 13:33).

Capítulo 2

O efeito daquele relato foi devastador para o ânimo dos hebreus. Afinal, eles haviam fugido do Egito após uma escavidão que durou quatro séculos, atravessado um deserto inteiro, passando por dificuldades e privações, e agora, a conquista das terras que Deus lhes prometera parecia impossível. Em virtude dessas palavras desencorajadoras, o povo reagiu negativamente. "Então, levantou-se toda a congregação, e alçaram a voz, e o povo chorou naquela mesma noite" (Números 14:1). Vemos aí o pranto de desesperança e de derrota.

Mas aquela visão não era unânime. Josué e Calebe tiveram uma impresão diferente sobre as coisas. Eles acreditaram que o povo seria capaz de tomar Canaã. "Subamos animosamente, e possuamo-la em herança, porque certamente prevaleceremos contra ela", bradou Calebe. Sabe o que significa animosamente? Significa com coragem, com força e com vontade. "Não temais o povo desta terra, porquanto são eles nosso pão. Retirou-se deles o seu amparo, e o Senhor é conosco; não os temais" (Números 14:9). É como se tivessem dito, em outras palavras: "Essa gente está desamparada, vamos acabar com eles!" Naturalmente, tamanha ousadia diante dos fatos só foi possível porque aqueles dois homens não estavam enxergando o tamanho do desafio, mas, sim, a grandeza do Deus de Israel.

DERROTANDO O DERROTISMO

A maneira de pensar é determinante na nossa vida. Isso é verdade tanto em relação a aspectos positivos, como a negativos. Há pessoas, por exemplo, que só pensam em doença. Resultado: acabam ficando mesmo doentes. Outros só pensam em derrota, e, por isso, são constantemente derrotados nas tarefas a que se propõem. Suas mentes são carregadas de negativismo. Ainda há quem só pense em desgraça — e, de fato, parece que a desgraça os acompanha. Tal realidade está bem expressa na Palavra de Deus: "Como imaginou na sua alma, assim é" (Provérbios 23:7).

Nós, que conhecemos o Senhor, temos todos os motivos para pensar de maneira positiva. Repreenda, em nome de Jesus, os maus pensamentos; afaste as ideias de derrota e o pessimismo. Levante sua cabeça, na certeza de que o Senhor é com você. Tenha bom ânimo! Saiba que, apesar das lutas que porventura enfrenta, você deve glorificar Jesus por tudo. Qual a vantagem de glorificá-lo, quando está tudo bem? E qual o mérito de cantar e dar glórias a Deus quando a saúde está em dia e há dinheiro suficiente na conta bancária? Até o ímpio faz isso. Todavia, é na hora da adversidade que devemos dizer para nós mesmos: "Deus está comigo e, por isso, vencerei. Ele é a minha vitória!"

Descobri, por meio da vida de dois homens, como foi que eles venceram o medo na hora da adversidade. O primeiro desses homens é o próprio Paulo. Olhando para a sua vida, descobrimos que ele tinha um segredo para que o medo e a perplexidade não o abatessem. Em muitos momentos de sua trajetória, o apóstolo teve todos os motivos para adotar uma postura depressiva, angustiada e derrotada. Mas Paulo tinha um segredo. Ele simplesmente deslocava sua visão das adversidades do momento e a fixava no futuro. Ele não fixava seu olhar na adversidade, na tribulação ou no dia ruim que estivesse vivendo, mas contemplava os momentos futuros, aqueles nos quais, sabia, alcançaria a vitória em nome do Senhor. Paulo olhava a vitória final, sabendo que a verdadeira glória de Deus estava por ser revelada.

Em 2Coríntios 4:17,18, ele declara: "Porque a nossa leve e momentânea tribulação produz para nós um peso eterno de glória mui excelente, não atentando nós nas coisas que se veem, mas nas que se não veem; porque as que se veem são temporais; e as que se não veem são eternas." As *leves* tribulações de Paulo eram chibatadas, sessões de açoites, apedrejamentos, traições e outras coisas citadas em 2Coríntios 11:24-33. Apesar de todo esse sofrimento, ele disse que

Capítulo 2

não estava prestando atenção nas coisas temporais, mas nas eternas, sabendo que ninguém poderia roubar a vitória de sua vida. Paulo sabia-se mais do que vencedor, e que sua vitória estava selada, fossem quais fossem suas dificuldades na vida terrena.

Jó foi outro homem que deslocava a sua visão da tribulação e a alçava para o futuro. Sua história é simplesmente impressionante. Nunca se viu tanta desgraça acometer uma pessoa só, e em tão pouco tempo. De uma hora para outra, ele, que era um homem abastado, perdeu todos os seus bens. Seus milhares de jumentos, camelos e ovelhas foram destruídos por cataclismas ou roubados por inimigos. Pior ainda, seus dez filhos morreram no desabamento da casa onde estavam. Ainda por cima, Jó foi acometido por uma doença maligna que cobriu seu corpo de chagas da cabeça aos pés. A Bíblia diz que sua carne ficou como que apodrecida.

Entretanto, mesmo diante de tão intenso sofrimento, ele não abriu mão de sua fé em Deus. No capítulo 19 de seu livro, descobrimos que sua visão não se fixava naquele momento terrível de sua existência; apesar de toda a desgraça que caiu sobre sua vida, ele não se desesperou, nem perdeu a fé. E acabou fazendo uma das mais sublimes declarações contidas nas Escrituras, palavras de fé que fazem o inferno balançar e tremer.

Ao invés de blasfemar contra seu Deus, Jó preferiu registrar uma inspirada profecia para a posteridade, um verdadeiro brado de vitória: "Porque eu sei que o meu Redentor vive, e que por fim se levantará sobre a terra. E depois de consumida a minha pele, ainda em minha carne verei a Deus" (Jó 19:25,26). Tal declaração só poderia ter partido de alguém que possuía a visão lá na frente, adiante de toda a realidade desesperadora do momento.

Procure você também fixar seus olhos no futuro. Salmos 30:5 diz: "O choro pode durar uma noite, mas a alegria vem pela manhã." A tribulação e a adversidade, com certeza, não durarão a vida toda. Se a sua situação agora está difícil, não desanime e não tenha medo — há um Deus com você! Ele é a sua vitória.

DIMENSÃO ESPIRITUAL

Josué teve também uma vida inspirativa. Aprendemos com ele que a meditação na Palavra de Deus é fundamental para a vitória daquele que crê no Senhor. Quando o chamou para liderar o povo, Deus lhe fez uma recomendação explícita: "Não se aparte da tua boca o livro desta lei; antes medita nele dia e noite, para que tenhas cuidado de fazer conforme a tudo quanto nele está escrito; porque, então, farás prosperar o teu caminho, e, então, prudentemente te conduzirás" (Josué 1:8).

Quem deseja ser abençoado precisa não somente tomar a iniciativa de agir e confiar no Senhor. É necessário, também, edificar a vida na Palavra de Deus. A Bíblia Sagrada é o alimento para a vida do cristão; quando meditamos nas Escrituras, o Senhor fala conosco, fortalecendo-nos e orientando-nos.

A grande lição de tudo isso é a de que, apesar do esforço, do ânimo e da disposição para agir, há uma instância espiritual permeando todas as áreas de nossa vida. O homem não é constituído apenas por matéria; ele é também alma e espírito. Foi precisamente por essa razão que o Senhor Jesus disse: "Nem só de pão viverá o homem, mas de toda a palavra que sai da boca de Deus" (Mateus 4:4). Muitos cristãos não obtêm triunfo porque negligenciam esse aspecto tão importante. Não querem orar nem buscar a Deus. Muitos sequer abrem a Bíblia; o que podem obter, então? Você tem entendimento e intelecto, por meio dos quais o processo cognitivo funciona. Então, leia a Bíblia! Embora isso seja uma capacidade humana, há também a dimensão espiritual operando.

Veja a promessa que o Senhor fez a Josué: "Porque, então, farás prosperar o teu caminho e, então, prudentemente te conduzirás" (Josué 1:8). Essa é a recompensa. Porém, Josué teria de abrir, ler e meditar na Palavra.

E hoje, quem deve observar essas mesmas regras? Todos nós. Então, tomemos uma atitude. Façamos a nossa parte, e Deus irá fazer

Capítulo 2

a dele, dando-nos prosperidade e vitória! Não adianta só trabalhar, se esforçar e ter a visão otimista, se deixarmos as coisas espirituais ficarem de lado. A nossa vida é tudo isso, e mais a dimensão espiritual que nós temos de buscar. Deus nos fará andar triunfantemente, se essas verdades fizerem parte de nossa vida.

Capítulo 3

A atuação de Deus

"Todo o lugar que pisar a planta do vosso pé vo-lo tenho dado, como eu disse a Moisés" (Josué 1:3). Ao lermos a Bíblia, algumas vezes ficamos surpreendidos pela forma como Deus incisivamente declara as bênçãos que irá conceder a alguém, tratando-as de uma forma como se Ele já o tivesse feito. No entanto, não deveríamos ficar surpresos com isso, pois, de fato, dele é "tanto o querer como o efetuar", conforme Filipenses 2:13.

Na verdade, Deus tem poder para dar e para fazer o que ele quiser, e da forma que julgar mais conveniente. As promessas que para nós ainda se referem ao futuro, já fazem parte do presente para o Senhor. A sua onipotência é o atributo que lhe permite agir assim. "Ainda antes que houvesse dia, eu sou, e ninguém há que possa fazer escapar das minhas mãos. Operando eu, quem impedirá?" (Isaías 43:13).

Quando separou Josué, o Senhor lhe garantiu a vitória. Bastava-lhe, somente, "pôr o pé", em uma metáfora de que deveria se disponibilizar e agir. Essa é uma maravilhosa verdade. Se Deus quiser dar vitória à vida de alguém, é certo que o fará. Não há nada, neste mundo ou fora dele, que possa impedi-lo — nem força humana,

Capítulo 3

nem principados ou potestades. Quando criou todas as coisas, ele simplesmente empregou o termo "haja", e tudo passou a existir. "E disse Deus: Haja luz. E houve luz" (Gênesis 1:3). Sua voz imperativa não pode ser contestada por ninguém. Ele também disse coisas como: "Eu fiz a terra, e criei nela o homem; eu o fiz. As minhas mãos estenderam os céus, e a todos os seus exércitos dei as minhas ordens" (Isaías 45:12).Você já parou para examinar a grandeza de Deus nesse versículo?

Para que você tenha uma ideia da grandeza e do poder divino, façamos uma comparação. Sabemos que a Terra está na Via Láctea, uma galáxia que contém mais de 100 bilhões de estrelas, como o Sol. Imagine a situação hipotética de um viajante espacial achar-se perdido no Universo. A chance de ele localizar nosso planeta seria de uma contra dez elevado à trigésima potência. Para facilitar a compreensão, imagine um 10 seguido por trinta zeros. Pois essa grandeza dá uma ideia da vastidão da Criação de Deus, a mesma que ele pode abarcar com as mãos em um único instante.

Maravilhado, o profeta Jeremias exclamou: "Ah, Senhor Jeová! Eis que tu fizeste os céus e a terra com o teu grande poder, e com o teu braço estendido; não te é maravilhosa cousa alguma" (Jeremias 32:17). Não há nada maravilhoso demais para Deus.

Muitas pessoas certamente se sentem como Josué ao entrar na Terra Prometida — incapazes de realizar a grande obra do Senhor em suas vidas e receosas de enfrentar os inimigos. Mas lembre-se de que o triunfo não depende de você; depende do poder de Deus! Foi com sua confiança depositada no Alto, e com disposição para derrotar os povos que habitavam Canaã que Josué conduziu seu povo à conquista: "Aquietai-vos, e sabei que eu sou Deus; serei exaltado entre as nações, serei exaltado sobre a terra. O Senhor dos exércitos está conosco; o Deus de Jacó é o nosso refúgio" (Salmos 46:10,11).

Que realidade reconfortante! Se Deus quiser dar-lhe a vitória, Ele o fará, pois é o único que pode fazer o que quiser. Em 2Crônicas

20:6, vemos Josafá declarando a onipotência do Deus de Israel: "Ah Senhor, Deus de nossos pais, porventura não és tu Deus nos céus? Pois tu és dominador sobre todos os reinos das gentes, e na tua mão há força e poder, e não há quem te possa resistir."

TRANSFERÊNCIA DE PODER

Outra afirmação feita pelo Senhor a Josué foi a seguinte: "Nenhum se susterá diante de ti, todos os dias da tua vida" (Josué 1:5). Que poder era esse que seria sobre Josué, a ponto de ninguém poder lhe resistir? Ora, o próprio poder de Deus. Quando quer dar vitória a alguém, ele dota tal pessoa com características suas, isto é, Deus transfere seu poder para que seus servos possam alcançar a vitória. Em toda a história foi assim. Quando Deus quis dar vitória a alguém, ele transferiu parte de seu poder, para que a pessoa pudesse sair vitoriosa.

Foi o que aconteceu com Moisés. Quando Deus o chamou, no episódio da sarça ardente, no diálogo narrado em Êxodo 3, disse: "Assim dirás aos filhos de Israel: EU SOU me enviou a vós." Mas, quando lemos o que veio depois, encontramos um Moisés temeroso, duvidando que o povo acreditasse que ele agia por mandato divino. Como Deus agiu, então? Transferiu poder a seu servo. Veja como isso aconteceu: "Moisés, o que é que você tem na mão?", indagou o Senhor. "Uma vara", respondeu. Obedecendo à ordem que o Senhor lhe deu em seguida, lançou-a ao chão, o que fez com que se transformasse numa serpente. Apavorado, Moisés fugia dela, mas Deus ordenou-lhe que a pegasse pela cauda, e quando ele fez isso, a cobra voltou a transformar-se em vara.

Deus, então, lhe disse: "Esse é o primeiro sinal para mostrar que eu estou contigo. Agora, se não crerem neste sinal, eu lhes darei outro. Põe a tua mão no seio." Novamente, Moisés obedeceu. Quando retirou a mão de seu peito, ela estava completamente leprosa. Ao repetir

Capítulo 3

o gesto, por ordem do Senhor, a mão voltou a ficar sã. Então ele lhe falou: "Se não crerem no primeiro sinal, mostra-lhes o segundo; e se não crerem no segundo sinal, mostra-lhes o terceiro: toma das águas do rio, derrama na terra e elas se transformarão em sangue." Em outras palavras, é como se Deus tivesse dotado Moisés de poder para que fosse vitorioso na grande tarefa que tinha pela frente. De outra forma, ele poderia ser desacreditado pelo seu próprio povo, que veria nele apenas um visionário presunçoso.

Lendo Êxodo 14:16, percebemos o quanto essa providência foi necessária: "E tu, levanta a tua vara, e estende a tua mão sobre o mar, e fende-o, para que os filhos de Israel passem pelo meio do mar em seco", determinou o Senhor. Aquela era a mesma vara que fora instrumento do poder de Deus nas mãos de Moisés, transformando-se em cobra. Quando ele estendeu a vara, o mar se abriu, e o povo de Israel passou pelo meio a pé enxuto. Quando todos completaram a travessia, Moisés estendeu novamente a vara e o mar se fechou, engolindo os egípcios.

Ora, o que é isso, senão dotação de poder? E, mais tarde, diante da murmuração do povo sedento no deserto, Moisés novamente usou o poder de Deus que lhe fora outorgado, ferindo uma rocha com a vara em Horebe para dela fazer brotar água.

Quem sabe que tem o poder de Deus sobre sua vida fica tranquilo mesmo diante dos maiores desafios. O livro de Números, capítulo 16, registra uma rebelião contra Moisés. O tempo havia passado; Moisés, já velho, estava tendo sua autoridade contestada. Três conspiradores, Coré, Datã e Abirão, ajuntaram 250 maiorais da congregação de Israel e incitaram o povo a derrubar o veterano líder, por meio do qual o Senhor dera tantas vitórias aos hebreus. Mas é sempre um perigo lutar contra aquele a quem o Senhor outorga seu poder.

Moisés chegou tranquilo e disse: "Se estes morrerem como morrem todos os homens, e se forem visitados como se visitam todos os homens, então o Senhor me não enviou. Mas, se o Senhor criar alguma coisa nova, e a terra abrir a sua boca e os tragar com tudo o que é seu, e vivos descerem ao sepulcro, então conhecereis que estes homens irritaram ao Senhor" (Números 16:29,30). Assim que Moisés falou essas palavras diante do povo, a terra se abriu, engolindo vivos não apenas aqueles três insubordinados, como suas famílias, e o fogo consumiu os 250 dirigentes que lhes deram ouvidos na sedição. Antes disso, porém, Moisés fez uma advertência ao povo, para que saíssem de perto dos rebeldes. Mas muita gente não acreditou e tiveram o mesmo castigo: a Bíblia diz que naquele dia morreram outros 14.700 homens. Que grande tragédia foi acarretada pela desobediência!

Se alguém o está desafiando e você sabe que o poder do Senhor está sobre a sua vida, fique tranquilo. Tolo será quem quiser atravessar o seu caminho, pois não sabe com quem está mexendo. Saiba que se o Senhor quer que você seja vitorioso, ele lhe dará poder e autoridade, e nada vai derrotá-lo. Lembre-se da história de Gideão — segundo Juízes 7, ele foi à luta contra 135 mil inimigos com apenas trezentos combatentes. Provavelmente, nenhum outro conflito na história humana registrou tamanha disparidade de forças. Mas, quando os 300 homens de Gideão pegaram na espada e quebraram os cântaros que haviam levado à batalha, sabe qual foi a palavra de ordem? "Espada do Senhor e espada de Gideão, pelo Senhor e por Gideão", gritaram eles.

Da mesma forma, Sansão se viu sozinho, cercado por filisteus que queriam liquidá-lo, e sem ter sequer uma arma. Mas o texto de Juízes 14 diz que o Espírito se apossou poderosamente dele — o mesmo Espírito que o capacitara a despedaçar um leão com as próprias mãos — e, com uma simples queixada de jumento, Sansão feriu naquele dia mil inimigos.

Jesus também transferiu poder para seus discípulos. Ele lhes disse: "Eis que vos dou poder para pisar serpentes, e escorpiões, e toda a força do Inimigo, e nada vos fará dano algum" (Lucas 10:19). Você tem o mesmo poder, pois Jesus o tem dado à sua Igreja. Com esse poder, ninguém lhe poderá resistir.

Capítulo 3

AUTORIDADE ESPIRITUAL

Josué conquistou a vitória porque sabia exatamente o que fazer com a autoridade que recebera de Deus. Ele foi especialmente chamado e preparado para uma grande tarefa: levar o povo israelita até a terra que Jeová prometera a Abraão, Isaque e Jacó. Durante o desenrolar dessa tarefa, algumas características da vida de Josué foram determinantes para o sucesso que ele alcançou e servem como lições importantíssimas para nossa vida hoje.

Josué aparece pela primeira vez em Êxodo 17:9: "Pelo que disse Moisés a Josué: Escolhe-nos homens, e sai, e peleja contra Amaleque." O significado do nome Josué é "Jeová é salvação" ou "Salvador". Josué é a forma hebraica do nome Jesus, no grego. Uma grande característica observada na vida daquele homem é que ele foi alguém que atendeu o chamado, entendeu-o e submeteu-se à autoridade espiritual. Ele teve uma compreensão exata do que é uma autoridade espiritual.

Em primeiro lugar, precisamos ter uma ideia do que significa autoridade espiritual. Trata-se do revestimento que Deus concede a uma pessoa para que ela cumpra o propósito divino. Deus reveste alguém com o seu poder, com a sua autoridade, para que essa pessoa realize uma tarefa específica em seu maravilhoso plano.

Outro ponto importante é saber que autoridade espiritual pertence à soberania de Deus. Você pode ter cinquenta anos de conversão ao Evangelho, mas isso não significa que tenha autoridade espiritual. Da mesma forma, pode possuir graduação, mestrado ou doutorado em teologia, mas também isso não significa que você tenha autoridade espiritual. Ter ou não ter autoridade espiritual está dentro da órbita da soberania de Deus. Só ele pode tornar alguém uma autoridade espiritual, como está claramente explícito na Bíblia.

Na primeira carta de Paulo aos Coríntios, capítulo 12, que trata da operação do Espírito Santo na questão dos dons, o apóstolo finaliza o versículo 11 dizendo assim: "Mas um só e o mesmo Espírito opera

todas essas coisas, repartindo particularmente a cada um como quer."
Isso é a soberania de Deus.

Mediante a vida prática de Josué, descobrimos quatro características principais e fundamentais de uma pessoa que se submete à autoridade espiritual:

1. OBEDIÊNCIA

A primeira característica de uma pessoa que, de fato, submete-se a uma autoridade espiritual é a obediência. Ao receber a ordem de Moisés para que escolhesse homens para lutar contra os amalequitas, Josué só teve uma atitude: "E fez como Moisés lhe dissera" (Êxodo 17:10).

A obediência caracteriza toda pessoa que reconhece a autoridade espiritual sobre a sua vida. Lembre-se sempre disso: obedecer é a primeira característica de quem se submete à autoridade espiritual. A obediência é o caminho para a vitória.

2. PREDISPOSIÇÃO PARA SERVIR

A segunda característica de uma pessoa que se submete à autoridade espiritual é sua predisposição para servir. Quem teme a Deus não apenas obedece às suas ordens, mas o segue. Em Êxodo 24:13, lemos acerca de Josué: "E levantou-se Moisés com Josué, seu servidor."

O fato de ser descrito como um servo de Moisés não significa que Josué fosse alguém insignificante. Ao contrário — ele era o comandante do recém-formado Exército de Israel. Com a velhice de Moisés, era natural que Josué o sucedesse na direção do povo. Portanto, tratava-se de um homem importante. Mesmo assim, colocou-se à disposição para servir àquele que Deus havia levantado antes dele para conduzir Israel. Josué compreendia o que significava servir. Por isso, mais tarde, pôde exercer a autoridade com toda legitimidade.

Capítulo 3

3. Submissão

A terceira característica de uma pessoa que reconhece o que é autoridade espiritual é a submissão a essa autoridade espiritual. Quem tem esse nível de entendimento quer sempre estar junto daquele que tem autoridade. Josué estava o tempo todo com Moisés, tanto na hora das batalhas, como nos momentos de comunhão com Deus. Quando lemos Êxodo 32:17, vemos que, quando Moisés desce do monte, é Josué quem está ao seu lado.

É preciso reconhecer a importância da submissão a uma autoridade espiritual para desfrutar as bênçãos de Deus.

4. Lealdade

A quarta característica de quem se submete à autoridade espiritual é que ela não participa de conspirações nem de atos de rebeldia. Se você quer ter sucesso na sua vida, não se rebele contra as autoridades colocadas por Deus em posição acima de você.

Um dos melhores exemplos de lealdade na Bíblia é a maneira como Davi se relacionava com Saul, o primeiro rei de Israel. Saul, de quem o Espírito Santo já havia se retirado, tentou matar Davi seis vezes. Pois, nas vezes em que a vida do rei estava nas mãos de Davi, o que ele fez? Não se vingou da injusta perseguição que sofria; ao contrário, tratou-o com o devido respeito e reverência. Mais tarde, no tempo certo, Deus transferiu o reinado de Israel para Davi.

Você quer ter uma vida próspera e abençoada? Submeta-se à autoridade que Deus constituiu sobre a sua vida; obedeça, sirva, esteja junto e não participe de nenhuma rebelião contra os ungidos do Senhor.

Uma advertência para os dias de hoje

Agora, chamo sua atenção para uma questão muito importante. Estamos atravessando uma época muito perigosa, na qual pessoas a quem Deus dotou de poder começaram a pensar que são as tais, agindo como se sua vitória fosse em virtude de serem muito boas e poderosas. Essa é uma atitude muito perigosa. Nunca é demais recordar o que aconteceu com Lúcifer. Quem lhe concedeu poder foi o próprio Deus, mas veja o que aconteceu. A criatura teve a pretensão de superar o Criador: "Subirei acima das mais altas nuvens e serei semelhante ao Altíssimo" (Isaías 14:14).

O querubim ungido não levou em conta que fora Deus quem lhe dera o poder que tinha. A bem da verdade, o poder de que dispunha Lúcifer era apenas uma fração do que tem o Senhor Todo-poderoso. O castigo por sua desobediência e soberba foi terrível, e interfere no mundo espiritual até os dias de hoje — Lúcifer caiu. "Levado serás ao inferno, ao mais profundo do abismo", foi a sentença proferida contra ele pelo Senhor em Isaías 14:15. E, ao longo dos tempos, Lúcifer, também chamado Satanás, tem agido como o inimigo do homem criado à imagem e semelhança de Deus. Mas seu destino de perdição eterna já está determinado.

Poucos pecados são tão ruinosos quanto a soberba. Outro personagem bíblico que começou sua trajetória muito bem mas acabou derrubado pelo próprio orgulho foi o rei Uzias. Dos monarcas que governaram Judá, ele teve o segundo reinado mais longo, com 52 anos, atrás apenas de Manassés, que reinou por 55 anos. Acerca dele, diz a Bíblia que "nos dias em que buscou ao Senhor, Deus o fez prosperar" (2Crônicas 26:5).

Ao longo de 42 anos, seu reinado foi de bênçãos para o povo. Entretanto, a Palavra diz que a prosperidade corrompeu-lhe o coração: "Havendo-se fortificado, exaltou-se no seu coração até se corromper; e transgrediu contra o Senhor, seu Deus, porque entrou no templo do Senhor para queimar incenso no altar" (2Crônicas 26:16). Por causa da soberba, Uzias transgrediu a lei do Senhor, segundo a qual apenas os sacerdotes podiam oferecer incenso a Deus. Resultado: perdeu a bênção. O Senhor havia lhe dado poder e autoridade, mas

Capítulo 3

ele preferiu dar glória a si mesmo, exaltando seu próprio nome, e não o de Deus. Como castigo, Uzias passou os seus dez últimos anos leproso. Que fim lamentável para uma vida que tinha tudo para ser bem-sucedida!

Uzias começou muito bem e terminou de forma desgraçada. Daí a razão pela qual devemos evitar toda presunção. Não podemos nos esquecer de Salmos 103:1,2, que nos exorta a bendizer o Senhor sobre todas as coisas: "Bendize, ó minha alma, ao Senhor, e tudo o que há em mim bendiga o seu santo nome. Bendize, ó minha alma, ao Senhor, e não te esqueças de nenhum de seus benefícios."

Outro trecho bíblico que nos diz exatamente como deve ser nossa atitude diante do Pai é Salmos 115:1: "Não a nós, Senhor, não a nós, mas ao teu nome dá glória, por amor da tua benignidade e da tua verdade." João Batista, referindo-se a Jesus, foi taxativo: "É necessário que ele cresça, e que eu diminua" (João 3:30).

Tenha muito claro na sua mente que, se você tem sido vitorioso, certamente isso não é por causa de suas qualidades. É em virtude do poder, da presença e da misericórdia de Deus sobre a sua vida. Por essa razão, não há por que se exaltar, pois a glória pertence somente ao Senhor.

'SEREI CONTIGO'

Uma das promessas de Deus a Josué tinha um alcance muito abrangente. Ao convocar seu servo para conquistar a "terra de onde manavam leite e mel", o Senhor lhe disse claramente: "Como fui com Moisés, assim serei contigo, não te deixarei nem te desampararei" (Josué 1:5). Esse foi um compromisso que o Deus de Israel assumiu perante Josué. Você já imaginou ter Deus ao seu lado todo o tempo? Pois este era o significado do que o Senhor disse: "Não te deixarei", ou seja, você terá a presença pessoal dele; "nem te desampararei", isto é, uma proteção total! "Quando passares pelas águas, estarei contigo, e quando pelos rios, eles não te submergirão; quando passares pelo fogo, não te queimarás, nem a chama arderá em ti", diz o texto de Isaías 43:2.

Os salmos são pródigos em promessas de proteção àqueles que temem ao Senhor. Veja o que diz o famoso Salmos 91: "Mil cairão ao teu lado, e dez mil à tua direita, mas tu não serás atingido. Somente com os teus olhos olharás, e verás a recompensa dos ímpios. Porque tu, ó Senhor, és o meu refúgio! O altíssimo é a tua habitação. Nenhum mal te sucederá, nem praga alguma chegará à tua tenda" (v. 7-10).

Lembre-se também de Salmos 121: "Elevo os meus olhos para os montes: de onde me virá o socorro? O meu socorro vem do Senhor, que fez o céu e a terra. Não deixará vacilar o teu pé; aquele que te guarda não tosquenejará. Eis que não tosquenejará nem dormirá o guarda de Israel. O Senhor é a tua sombra à tua direita. O sol não te molestará de dia, nem a lua, de noite. O Senhor te guardará de todo o mal. Ele guardará a tua alma. O Senhor guardará a tua entrada e a tua saída, desde agora e para sempre" (Salmos 121:1-8).

O MISTÉRIO OCULTO QUE FOI REVELADO

Muitas pessoas, estudiosas da Bíblia ou não, dizem que, hoje em dia, as promessas divinas registradas no Antigo Testamento não são mais cumpridas pelo cristão. Mas a presença de Deus é ainda mais tremenda hoje do que naqueles tempos. Veja estas palavras de Paulo: "O mistério que esteve oculto desde todos os séculos, e em todas as gerações, e que agora foi manifesto aos seus santos, aos quais Deus quis fazer conhecer quais são as riquezas da glória deste mistério entre os gentios, que é Cristo em vós, esperança da glória" (Colossenses 1:26,27). Ora, que grande mistério é esse que não foi revelado a Abraão, a Moisés, a Jeremias, a Daniel ou a nenhum outro profeta? Se, com alguns desses homens, Deus falava pessoalmente, que mistério não teria lhes manifestado?

Capítulo 3

É a presença de Cristo! O Senhor Jesus está conosco, como nossa esperança da glória. Antes, o Deus de Israel se manifestava no Templo; hoje, temos nosso próprio "tabernáculo", nosso corpo, que embora mortal, cheio de fragilidades, é onde pulsa o Espírito Santo. Deus está dentro de você!

Jesus declarou: "E eis que eu estou convosco todos os dias, até a consumação dos séculos" (Mateus 28:20). Você pode sentir a presença do Espírito Santo em seu interior? Então, toda alegria que você sente no coração é Deus dentro de você. Assim, sua vitória está garantida.

OBEDIÊNCIA, O CAMINHO PARA AS BÊNÇÃOS

Um dos segredos para alcançarmos vitória na vida é sermos obedientes a Deus e estarmos sujeitos à sua autoridade. Veja o que diz o texto: "Não te mandei eu? Sê forte e corajoso" (Josué 1:9).

Por isso, é bom que estejamos atentos àquilo que o Senhor quer para nossa vida. Muitos perdem bênçãos porque são desobedientes. O Senhor lhes dá diversos sinais e orientações, mas é como se sempre estivessem batendo com a cabeça na parede, como se diz por aí. Você alguma vez já perguntou a Deus o que Ele deseja de sua vida? Ou será que não fez isso com medo de ouvir o que o Senhor tem a dizer? Muitas pessoas até querem seguir a vontade de Deus, mas não têm a menor intenção de abrir mão de seus planos para seguir aquilo que o Senhor lhes tem traçado.

A Bíblia apresenta um exemplo clássico de desobediência aos planos de Deus. Jonas foi levantado pelo Senhor para convencer o povo da grande cidade de Nínive de seus pecados. Ele deveria ir até lá e pregar àquela gente o arrependimento e o acerto com Deus. Mas, ao invés disso, o chamado "profeta fujão" preferiu tomar outro rumo — e o resultado foi desastroso: Jonas sofreu um naufrágio, quase morreu afogado e ainda foi engolido por um grande peixe, passando três dias em seu ventre. Somente quando se convenceu de que não valia a pena fugir do mandado divino é que Jonas resolveu cumprir sua missão. E, como resultado, todo o povo de Nínive, do rei ao mais humilde morador, arrependeu diante do Senhor.

Experimente perguntar a Deus qual é a vontade dele para a sua vida, e esteja pronto para ouvir uma resposta inesperada. Quem sabe o Senhor vai levantá-lo como missionário para levar o Evangelho a terras distantes? Ou mesmo requerer que você seja um evangelista local ou um visitador a enfermos ou presidiários? Talvez não seja isso que você planejou exatamente, mas você não perguntou a Deus o que Ele queria para sua vida? Então seja humilde o suficiente para submeter-se à vontade de Deus.

Aprenda com a atitude de Abrão: "Ora, disse o Senhor a Abrão: Sai-te da tua terra, e da tua parentela e da casa de teu pai para a terra que eu te mostrarei. E far-te-ei uma grande nação; e abençoar-te-ei e engrandecerei o teu nome, e tu serás uma bênção. E abençoarei os que te abençoarem e amaldiçoarei os que te amaldiçoarem; e em ti serão benditas todas as famílias da terra" (Gênesis 12:1-3). Abrão não retrucou, nem tentou negociar com Deus. Simplesmente pegou sua família, seus bens e foi obediente, partindo para onde o Senhor lhe determinara que seguisse, mesmo sem saber qual seria seu destino. Mas ele sabia que Deus o havia mandado; por isso, apressou-se a ir embora.

CUIDADO PARA NÃO SE MACHUCAR

A Bíblia ensina: "Há caminho que ao homem parece direito, mas o fim dele são os caminhos da morte" (Provérbios 14:12). O homem, às vezes, traça seus planos, idealiza sua vida e não tem o cuidado de consultar o Senhor sobre suas decisões. Então, acaba se machucando. Quantas vezes tenho atendido, em meu ministério, pessoas que

Capítulo 3

fizeram planos, mas não incluíram o Senhor no processo. E, quando perguntamos se antes buscaram saber qual era a vontade de Deus, a resposta invariavelmente é "não".

Aprenda a se submeter à vontade de Deus; deixe-o ser o Senhor de sua vida. E, quando isso acontecer, faça como Abraão e vá tranquilo para o lugar aonde ele o mandar. Não tema se a situação aparentemente for difícil; se o Senhor de fato o enviou, Ele levará a bom termo a sua jornada. O segredo é, tão somente, submeter-se com humildade à sua vontade.

Capítulo 4

*O prêmio da mulher
que ousou crer*

"Tinha Elcana duas mulheres: o nome de uma era Ana, e o nome da outra, Penina; Penina tinha filhos, porém Ana não os tinha" (1Samuel 1:2).

Antes de entrarmos no assunto deste capítulo, é preciso fazer um esclarecimento. O texto citado precisa ser compreendido de acordo com as orientações da Lei de Moisés em relação à vida familiar que vigoravam naquela época. Essas instruções determinavam que, quando um homem se casasse com uma mulher estéril, teria o direito de possuir outra esposa, a fim de garantir a sua descendência. E essa era, precisamente, a situação de Elcana, que habitava a região da montanha de Efraim e viveu nos dias do sacerdote Eli. Ele possuía duas mulheres. Penina, que lhe gerava filhos; e Ana, que era estéril. Por causa de sua esterilidade, Ana sofria muito.

Àquele tempo, ao contrário de hoje, quando muitas mulheres rejeitam voluntariamente a maternidade, uma estéril era malvista na sociedade. Quem não gerasse filhos era discriminada e desprezada — e, no caso de Ana, ainda havia uma agravante, já que Penina, a outra companheira de seu marido, tinha a capacidade de procriar.

Capítulo 4

Isso se tornou uma ferida aberta para ela, conforme se percebe ao longo da leitura do texto bíblico. "E a sua competidora excessivamente a irritava para a embravecer, porquanto o Senhor lhe tinha cerrado a madre. E assim o fazia ele de ano em ano. Quando ela subia à Casa do Senhor, assim a outra a irritava; pelo que chorava e não comia" (1Samuel 1:6,7). Assim estava, pois, desenhado o problema dessa mulher. Além de estar impedida de gerar filhos, ainda sofria com as zombarias por parte da rival. Como consequência, não comia; chorava e entrava em depressão.

O marido procurava um paliativo para tentar amenizar a situação. "E, sucedeu que, no dia em que Elcana sacrificava, dava ele porções do sacrifício a Penina, sua mulher; e a todos os sete filhos; e a todas as suas filhas. Porém, a Ana dava uma parte excelente, porquanto ele a amava. Porém, o Senhor lhe tinha cerrado a madre" (1Samuel 1:4,5).

Essa foi a maneira que Elcana encontrou para procurar resolver um problema sério dentro de casa. Tratando a esposa estéril com uma distinção especial, ele procurava preencher a lacuna provocada pelo desejo ardente que ela possuía de gerar filhos. No entanto, mesmo o amor que Elcana demonstrava para com Ana não era suficiente para aliviar sua dor.

A LIÇÃO DA DOR

Isso nos ensina uma lição muito importante. Às vezes, quando estamos vivendo um problema sério, não adiantam substitutos; precisamos de uma solução para aquilo que nos angustia. Há maridos com boa situação econômica que, em virtude do excesso de trabalho, procuram compensar a sua ausência em casa oferecendo à mulher vários presentes, como carro novo, roupas caras ou joias. Mas isso quase nunca adianta para suprir o problema básico, que é a falta de afeição conjugal.

No entanto, esse recurso, embora ineficaz, é utilizado muitas vezes por quase todos. Quem sabe você também não está vivendo um problema e tem procurado contorná-lo com paliativos? Pois saiba que seu drama, assim como o de Ana, não precisa de substituições — ele deve, isso sim, ser solucionado.

Diante dessa realidade, chegamos a algumas conclusões. A primeira delas é que os problemas da vida são comuns a todas as pessoas. Veja o que Jesus disse em Mateus 5:45: "Para que sejais filhos do Pai que está nos céus; porque faz que o seu sol se levante sobre maus e bons, e a chuva desça sobre justos e injustos."

O PERIGO DE ESPIRITUALIZAR TUDO

Os cristãos pentecostais têm uma certa mania de espiritualizar as situações e os problemas da vida, que, assim como a chuva, afetam tanto o justo quanto o injusto. Muitos atribuem ao diabo, ou ao pecado, determinadas circunstâncias que outra explicação não têm senão o fato de serem inerentes à condição humana. É claro que o inimigo de nossa alma trabalha para nos causar dificuldades, com o intuito de derrotar a nossa fé.

Da mesma forma, as questões de ordem espiritual não podem ser confundidas ou negligenciadas. Todavia, muitas vezes, os problemas que enfrentamos são consequências do curso natural da vida. E nós, que cremos no Senhor, temos que ter percepção para discernir isso.

Outra conclusão a que chegamos é que, mesmo sendo servos de Deus, não perdemos nossa humanidade. Um exemplo disso é o abatimento demonstrado pelo apóstolo Paulo no texto de 2Coríntios 7:5: "Porque, mesmo quando chegamos a Macedônia, a nossa carne não teve repouso algum; antes, em tudo fomos atribulados; por fora combates, temores por dentro."

Capítulo 4

Não se iluda — o fato de crer em Jesus não é uma salvaguarda para o sofrimento. Os problemas são inerentes à condição humana. Nem sempre há compreensão a esse respeito. Muitos pregadores andam alardeando um evangelho em que não há espaço para as tribulações. É quase uma fé de super-homens, totalmente em desacordo com a realidade bíblica — afinal, o próprio Cristo era um homem de dores, que sabia exatamente o que é padecer.

UMA QUESTÃO DE VISÃO

Entretanto, há ainda outra conclusão, essa realmente animadora e alvissareira. A despeito de tudo, existe uma diferença sutil entre aquele que crê e serve a Deus e aquele que não crê. Esses dois tipos de pessoas enxergam as situações de maneira oposta. Enquanto o servo de Deus interpreta a dificuldade como uma maneira pela qual o Senhor o está aperfeiçoando, geralmente a pessoa que não conhece o Senhor torna-se prisioneira dos problemas que aparecem.

O que acontece com as pessoas que não têm Deus em suas vidas é que elas não sabem como encarar ou lidar com as pedras do caminho por meio da fé. Muitas mergulham no álcool ou nas drogas, tentando escapar de uma situação que não sabem como resolver. Outras preferem o extremo do suicídio. Já aqueles que confiam no Senhor têm a quem recorrer na hora do sufoco.

Foi isso o que fez Ana: "Então, Ana se levantou, depois que comeram e beberam em Siló; e Eli, o sacerdote, estava assentado numa cadeira, junto a um pilar do templo do Senhor. Ela, pois, com amargura de alma, orou ao Senhor e chorou abundantemente" (1Samuel 1:9,10). Ela agiu como se conhecesse as palavras que Paulo proferiria séculos depois, registradas em Filipenses 4:6: "Não estejais inquietos por coisa alguma; antes, as vossas petições sejam em tudo conhecidas diante de Deus, pela oração e súplicas, com ação de graças." Com toda a sua humanidade, mas conhecendo o Senhor e as suas misericórdias, ela derramou seu coração diante dele. Por isso, Ana foi abençoada.

Na verdade, todos os verdadeiros servos do Senhor, em algum momento de suas vidas — ou em vários —, já fizeram a mesma coisa. Muitos já se sentiram angustiados como Ana, ameaçados como Paulo, ou desafiados como Davi. E todos eles, cada um a seu modo e de acordo com a vontade do Senhor, acabaram alcançando a vitória.

Josué, depois que recebeu a palavra de Deus, assumiu com coragem o lugar que fora de Moisés, deu ordens ao povo, foi à luta e Deus lhe concedeu vitória. Então, quando você falar com Deus, conte-lhe tudo. Faça como Ana — derrame-se perante o Senhor, abrindo seu coração acerca do que o está entristecendo ou perturbando. Em seguida, peça--lhe o que você deseja, pois Deus ouve a oração feita com o coração.

A ESPERANÇA FAZ BEM

O que diferencia aquele que serve a Deus de quem não conhece o Senhor é uma fantástica esperança, que subsiste mesmo em meio às piores condições. A esperança é a perseverante confiança no futuro. Foi isso que fez a diferença na vida de Neemias, Paulo e Josué. Era isso também que fazia a diferença na vida de Ana. Quem é servo de Deus sabe que, no meio da luta, ele vai agir a qualquer momento. Há uma esperança que alimenta o cristão; por isso, mesmo que algo o abale, ele não vive de cabeça baixa. Mas depois, quando ele se volta para Deus, e derrama diante dele o seu problema, sente brotar em seu coração a esperança e a confiança no socorro do Alto.

Após ter se derramado perante o Senhor e explicado sua situação ao sacerdote Eli, Ana ouviu as seguintes palavras de conforto: "Então, respondeu Eli e disse: Vai em paz, e o Deus de Israel te conceda a tua petição que lhe pediste. E disse ela: Ache a tua serva graça em teus olhos. Assim, a mulher se foi seu caminho, e comeu, e o seu semblante já não era triste" (1Samuel 1:17,18). Aquela mulher de fé demonstrou que em seu coração havia esperança, mesmo que até o momento nada lhe houvesse acontecido visivelmente. O mesmo sucede com cada um de nós, quando nos derramamos perante o Senhor — nasce, em nosso interior, uma intensa esperança!

Ana já não estava triste. A depressão e a angústia desapareceram. Ela agora voltava seus olhos para o futuro, e certamente dizia para si mesma: "Deus vai agir. Minha situação vai mudar; vou gerar filhos."

O RESULTADO DA FIDELIDADE

A fidelidade de Ana deu resultado. E, paradoxalmente, sua atitude a partir dali foi prometer ao Senhor que, caso ganhasse um filho, o devolveria para o serviço do Reino de Deus: "E votou um voto, dizendo: Senhor dos Exércitos! Se benignamente atentares para a aflição da tua serva, e de mim te lembrares, e da tua serva te não esqueceres, mas à tua serva deres um filho varão, ao Senhor o darei por todos os dias da sua vida, e sobre a sua cabeça não passará navalha" (1Samuel 1:11).

À primeira vista, não dá para entender um voto como este, feito por uma mulher até então estéril, cujo maior sonho era justamente gerar um filho. No entanto, ei-la diante do Senhor, prometendo entregar esse filho a Deus por todos os dias de sua vida.

"E sucedeu que, passado algum tempo, Ana concebeu e teve um filho, e chamou o seu nome Samuel, porque, dizia ela: O tenho pedido ao Senhor" (1Samuel 1:20). Primeiro, ela fez um voto; Deus lhe respondeu, e ela cumpriu o acerto. Aleluia!

Mas veja o cuidado daquela mãe com seu pequeno e mui desejado filho: "Porém, Ana não subiu, mas disse a seu marido: Quando o menino for desmamado, então, o levarei, para que apareça perante o Senhor e lá fique para sempre. E Elcana, seu marido, lhe disse: Faze o que bem te parecer a teus olhos; fica até que o desmames; tão somente confirme o Senhor a sua palavra. Assim, ficou a mulher e deu leite a seu filho, até que o desmamou. E, havendo-o desmamado, o levou consigo, com três bezerros e um efa de farinha e um odre de vinho, e o trouxe à Casa do Senhor a Siló. E era o menino ainda muito criança" (1Samuel 1:22-24).

    O grande exemplo de fé e fidelidade de Ana nos mostra a seriedade de um voto feito diante do Senhor, mesmo que o custo de cumpri-lo seja alto. Portanto, quando você fizer um voto a Deus, cumpra-o. A Bíblia diz que é melhor não votar que fazê-lo e depois voltar atrás, porque com o Senhor não se brinca.

    A atitude de Ana ensina-nos, também, algo maravilhoso. O menino Samuel foi realmente entregue a Deus, para servi-lo no templo, sob a responsabilidade do sacerdote Eli. Que exemplo de fidelidade! Contudo, isso foi feito no tempo apropriado, depois de a criança ter sido desmamada.

    O cuidado dessa mãe me deixa sensibilizado. Sempre fico contrariado quando encontro uma mãe relapsa e relaxada, que não cuida do seu filho pequeno, sobretudo no período da lactação. Nessa fase, toda criança precisa dos cuidados intensivos de sua mãe, que deve dar--lhe o leite materno de maneira apropriada, uma vez que a ciência já demonstrou que os primeiros traços psíquicos são transmitidos à criança durante a amamentação.

    Se a mãe se irrita quando está amamentando, nem imagina o risco a que está submetendo seu filho. Essa criança, mais tarde, poderá ter traços de comportamento irritadiço e genioso. Por isso, o período de amamentação é muito especial e deve ser observado com todo cuidado, conforme Ana fez. Ela sabia que, nos primeiros meses de sua vida, Samuel dependia inteiramente dela. Eli não poderia lhe dispensar os mesmos cuidados que sua mãe.

Capítulo 4

A BONDADE DE DEUS COM OS FIÉIS

"Visitou, pois, o Senhor a Ana, e concebeu e teve três filhos e duas filhas; e o jovem Samuel crescia diante do Senhor" (1Samuel 2:21).

Esse versículo descreve a recompensa de Ana por sua fidelidade ao Senhor. Ela pedira a Deus apenas um filho, mas, quando o obteve, dedicou-o a ele, conforme havia votado. Deus, contudo, em sua bondade e grandeza, deu-lhe outros mais, cuja presença certamente mitigou-lhe a falta de Samuel, a quem ela encontrava somente uma vez por ano.

Aprendemos com a vida de Ana duas lições. A primeira pode ser expressa pelas palavras do apóstolo Paulo, em Efésios 3:20: "Ora àquele que é poderoso para fazer tudo muito mais abundantemente além daquilo que pedimos ou pensamos, segundo o poder que em nós opera." De fato, Deus pode nos dar muito mais do que aquilo que lhe pedimos. A matemática do Senhor não é igual à nossa, segundo a qual se pedirmos um, receberemos um.

Com Deus é diferente — Ana pediu-lhe um filho e ganhou não apenas aquele que devolveu ao Senhor, mas outros cinco! Claro está que devemos deixar tudo nas mãos do Senhor, pois ele sabe exatamente o melhor para nós.

A segunda lição que aprendemos com a vida de Ana é que, quando pedimos alguma coisa a Deus e não a recebemos, devemos refletir nos ensinamentos de Jesus. O Mestre disse: "E qual dentre vós é o homem que, pedindo-lhe pão, o seu filho lhe dará uma pedra? E, pedindo-lhe peixe, lhe dará uma serpente? Se vós, pois, sendo maus, sabeis dar boas coisas aos vossos filhos, quanto mais vosso Pai, que está nos céus, dará bens aos que lhe pedirem?" (Mateus 7:9-11).

DEUS SABE O QUE É MELHOR

Muitas vezes na vida do cristão, contudo, Deus não concede o que lhe foi pedido. E isso não acontece porque o Senhor é mau; pelo contrário.

É que Ele só dá o melhor para seus filhos, mas muitas vezes, o que lhe pedimos não é o melhor para nós. Se assim for, Deus certamente não nos atenderá, porque ele não nos dá qualquer coisa.

Por isso, não se entristeça ou perca sua fé se você está insistindo com Deus para que ele lhe dê alguma coisa, mas não obtém a resposta desejada. Acalme-se e aquiete-se, pois ele é Pai, e você pode muito bem estar querendo algo que o Senhor, na sua onisciência, sabe que lhe será prejudicial. Afinal, os caminhos de Deus são mais altos que os nossos caminhos.

Há alguns anos, fiz inscrição para a Escola de Cadetes da Aeronáutica, um curso que prepara os futuros oficiais da Força Aérea Brasileira. Estudei para os exames e fui aprovado. Na ocasião, o então ministro daquela pasta baixou uma portaria determinando a abertura de apenas 482 vagas. Recebi instruções para me apresentar. Quando fui verificar, estava na lista dos aprovados, mas entre os seiscentos primeiros.

Meu pai, que é oficial das Forças Armadas, ligou para um amigo, major da Aeronáutica, e lhe pediu o favor de verificar se o meu nome estaria na nova lista que sairia no dia seguinte. Ele confirmou que eu estaria entre os 482 primeiros candidatos aprovados. No dia seguinte, contudo, tive uma desagradável surpresa. Fui informado que, por contenção de despesas, o ministro havia assinado nova deliberação, eliminando 110 vagas. Ao saber que, mesmo tendo passado nos exames, fui eliminado, fiquei muito aborrecido. Afinal, eu concorrera com outros 15 mil jovens, e a carreira militar, àquela época, era uma das mais promissoras oportunidades para quem estava iniciando sua vida adulta. Não havia nada que se pudesse fazer, entretanto.

Permaneci nessa situação por algum tempo, até que, um dia, o Espírito Santo falou comigo, dizendo que tinha reservado algo melhor para mim. Mesmo assim, continuei contrariado, pois seguir a carreira militar era o que eu mais desejava. Agora, passados tantos anos, tenho o discernimento para entender o porquê de tudo aquilo ter acontecido.

Capítulo 4

Hoje, ocupo uma posição maior do que a de qualquer militar, oficial ou ministro de Estado: Deus me colocou como ministro de um Reino que nunca vai acabar. Essa, sem dúvida, foi uma das melhores coisas que Deus fez em minha vida.

Quem sabe, neste exato momento, você também não esteja como eu estava, naquela época, insistindo diante de Deus pela realização de um objetivo que lhe parece ser o melhor para sua vida. Mas, caso isso não se concretize, não se aborreça nem reclame. Não fique de cabeça baixa e nem perca a esperança. Saiba que Ele tem uma recompensa melhor, e, como Ana, você receberá muito mais do que aquilo que almejou diante do Senhor.

Capítulo 5

O servo que se preocupou com a adversidade alheia

"As palavras de Neemias, filho de Hacalias. E sucedeu no mês de quisleu, no ano trigésimo, estando eu em Susã, a fortaleza, veio Hanani, um de meus irmãos, ele e alguns de Judá; e perguntei-lhes pelos judeus que escaparam do cativeiro e acerca de Jerusalém. E disseram-me: Os restantes, que não foram levados para o cativeiro, lá na província estão em grande miséria e desprezo, e o muro de Jerusalém, fendido, e suas portas, queimadas a fogo" (Neemias 1:1-3).

Como você costuma se comportar diante das situações adversas? Em quem você centraliza as suas preocupações, quando elas lhe sobrevêm? Para ajudá-lo a refletir sobre as possíveis respostas a essas perguntas, a Palavra mostra que, com a ajuda do Senhor, existe sempre uma saída edificante. Assim foi com um dos homens mais notáveis da Bíblia, chamado Neemias.

Capítulo 5

Contexto histórico

Neemias era um dos exilados judeus que foram levados para a Babilônia, na época em que o soberano era Artaxerxes I, rei persa à frente do império. Havia um remanescente judeu que não fora levado cativo e que permanecera em Judá; porém, numa situação de extrema miséria e desalento. Jerusalém estava devastada, com seus muros quebrados e suas portas queimadas. A situação lembrava o conhecido dito popular de nossos dias: "Se correr o bicho pega; se ficar, o bicho come." Quem ficou em Jerusalém vivia na miséria; quem foi levado à Babilônia tornou-se escravo. Resumindo: todos os judeus estavam em adversidade.

A primeira coisa que salta aos nossos olhos quando lemos esses três primeiros versículos é que, mesmo vivendo um problema pessoal, pois estava no cativeiro, Neemias se preocupou com as adversidades dos que ficaram em Jerusalém. Ele não teve uma visão egocêntrica, como se fosse a única pessoa a enfrentar dificuldades. Sua preocupação era com os que estavam longe, os que não haviam sido expatriados e permaneceram em Judá.

O seu interesse em saber sobre a sorte dos que tinham ficado, faz-nos lembrar das palavras de Paulo, em 2Coríntios 8, quando ele faz um elogio aos cristãos macedônios: "Como, em muita prova de tribulação, houve abundância do seu gozo, e como a sua profunda pobreza superabundou em riquezas da sua generosidade. Porque, segundo o seu poder (o que eu mesmo testifico) e ainda acima do seu poder, deram voluntariamente, pedindo-nos com muitos rogos a graça e a comunicação deste serviço, que se fazia para com os santos" (2Coríntios 8:2-4).

Essa passagem e o seu contexto nos ensinam que, assim como os judeus remanescentes nos dias de Neemias, também os cristãos de Jerusalém nos dias de Paulo estavam vivendo um momento muito difícil. Os cristãos da Macedônia, entretanto, mesmo estando em tribulação e dificuldades semelhantes, preocuparam-se com o problema deles. E por que agiram assim? Simplesmente porque foram movidos pelo Senhor para estender a mão de ajuda a alguém que consideravam ainda mais necessitado do que eles próprios.

Isso nos ensina uma verdade de grande significado: a de que, mesmo que estejamos em adversidade, sempre haverá alguém passando por uma situação mais adversa do que a nossa. Nessas ocasiões, como servos de Deus, e pela operação de sua graça em nossa vida, apesar das nossas próprias dificuldades, poderemos ser instrumentos da providência divina, a fim de que outros sejam abençoados.

Que coisa tremenda! Mesmo enfrentando lutas, tribulações, adversidades e precisando de vitória, haverá alguém com maior necessidade que você. E Deus poderá usá-lo para ajudar o outro a ser vitorioso. Tenha certeza disso, pois foi exatamente o que aconteceu, tanto com aqueles cristãos da Macedônia como com Neemias.

Sabemos que há pessoas que se fecham e pensam que só elas têm problemas, que suas provações são as maiores do mundo e que ninguém há que possa ter adversidades semelhantes àquelas que enfrentam. Contudo, não devemos ser uma dessas pessoas — ao contrário, precisamos estender a mão aos cristãos mais necessitados. Então, seja como aqueles da Macedônia, seja como Neemias. Se você fizer isso, mesmo que esteja vivendo uma circunstância de grande dificuldade, certamente Deus vai usá-lo para ajudar os que estão na mesma situação.

A REAÇÃO DE UM SERVO FIEL

Depois que Neemias soube da miséria e do desprezo a que estavam submetidos sua terra e sua gente, reagiu: "E sucedeu que, ouvindo eu essas palavras, assentei-me, e chorei, e lamentei por alguns dias, e estive jejuando e orando perante o Deus dos céus" (Neemias 1:4).

Capítulo 5

Crer em Deus não é viver imune às adversidades, como se estivéssemos fora do corpo. Há cristãos que se acham santos demais, como se não sofressem nenhum embate da vida, conforme todos os demais mortais. Não foi assim que se comportou Neemias. Sua primeira reação foi chorar. Uma reação normalíssima, humana e legítima, quando se recebe uma notícia ruim ou quando se é atingido por uma circunstância que provoca sofrimento. Contudo, há aqueles que vivem chorando e se lamentando pela vida toda. Ora, é preciso entender que circunstâncias negativas acontecem tanto às pessoas justas quanto às injustas; revezes atingem otimistas e pessimistas. Entretanto, o otimista reage e pergunta: "Que devo fazer, e que atitude posso tomar para resolver isso?" Já o pessimista fica preso à situação, não consegue desvencilhar-se da adversidade.

Embora Neemias tenha tido uma reação humana normal no primeiro momento, não se limitou a chorar e lamentar a sorte de Jerusalém. Após ter superado o primeiro impacto, resolveu tomar uma atitude. A melhor providência a tomar quando se está envolvido pelos problemas, adversidades ou chocado pelas notícias que chegam é não ficar parado, prostrado e pranteando o tempo todo, mas seguir o exemplo de Neemias.

AS TRÊS ETAPAS DA ORAÇÃO DE NEEMIAS

Neemias foi orar e buscar Deus. Há três etapas na sua oração: "Ah! Senhor, Deus dos céus, Deus grande e terrível, que guardas o concerto e a benignidade para aqueles que te amam e guardam os teus mandamentos! Estejam, pois, atentos os teus ouvidos, e os teus olhos abertos, para ouvires a oração do teu servo, que eu faço diante de ti, de dia e de noite, pelos filhos de Israel, teus servos; e faço confissão pelos pecados dos filhos de Israel, que pecamos contra ti; também eu e a casa de meu pai pecamos" (Neemias 1:5,6).

O servo que se preocupou com a adversidade alheia

1. Reconhecimento da soberania de Deus

A primeira etapa da súplica de Neemias consistiu no reconhecimento sincero da soberania de Deus. Não adianta orarmos ao Senhor pensando que exercemos o controle sobre o Espírito Santo. De vez em quando, sobretudo nos dias de hoje, vemos muitos cristãos que pretendem dizer a Deus o que ele deve fazer; há até aqueles que desejam "determinar" a ação do Todo-poderoso. Quem age dessa forma está na contramão da Palavra, que é clara ao dizer que todo poder e toda soberania pertencem ao Senhor.

Não é porque ordenamos que Deus faz; ou porque declaramos, que acontece. Nada disso! O servo não exerce nenhum domínio sobre o seu Senhor. A primeira coisa que devemos aprender é reconhecer a soberania de Deus.

Lembre-se de Salmos 121: "Elevo os meus olhos para os montes; de onde me virá o socorro? O meu socorro vem do Senhor, que fez o céu e a terra." Tudo vem dele, que é tremendo, poderoso e maior do que todas as coisas. Na oração de Neemias, não falta o reconhecimento à soberania divina. Quando ele vai buscar em Deus a solução para o problema, primeiro reconhece que ele tem o controle sobre tudo.

2. Admissão da própria fragilidade

A segunda etapa da oração de Neemias é o reconhecimento da sua própria fragilidade. Depois de ter admitido a grandeza de Deus, ele reconheceu sua própria dependência. Por isso, se incluiu na oração: "Eu e este povo temos pecado." É fácil dizer que os outros pecaram ou estão errados, ou que determinada pessoa precisa consertar sua vida. Mas, para alcançarmos a vitória, precisamos olhar para dentro de nosso interior e reconhecer nossos pecados e nossas fraquezas.

Saiba: se desejamos a vitória, antes temos que reconhecer os nossos erros! A análise introspectiva machuca, mas, por meio de suas feridas, compreendemos nossas limitações e nos humilhamos diante de Deus. Quando tivermos essa visão, estaremos no caminho da vitória.

Neemias reconheceu isso, e também fez menção da Palavra de Deus em sua súplica: "Lembra-te, pois, da palavra que ordenaste a Moisés, teu servo, dizendo: Vós transgredireis, e eu vos espalharei entre os povos. E vós vos convertereis a mim e guardareis os meus mandamentos, e os farei; então, ainda que os vossos rejeitados estejam no cabo do céu, de lá os ajuntarei e os trarei ao lugar que tenho escolhido para, ali, fazer habitar o meu nome" (Neemias 1:8,9). Se Deus disse, é certo que o cumprirá; portanto, quando você estiver necessitando de vitória, ore fundamentado nas Sagradas Escrituras, pois o Senhor disse que "o céu e a terra passarão, mas as minhas palavras não hão de passar", conforme Mateus 24:35. Esse é um grande segredo da oração. Ore com a Palavra. Deus, com certeza, fará com que ela se cumpra.

3. OBJETIVIDADE NA ORAÇÃO

O terceiro segredo da oração de Neemias foi orar com objetividade: "Ah! Senhor, estejam, pois, atentos os teus ouvidos à oração do teu servo e à oração dos teus servos que desejam temer o teu nome; e faze prosperar hoje o teu servo e dá-lhe graça perante este homem" (Neemias 1:11).

Ele desejava chegar diante do rei, a quem servia como copeiro, e alcançar graça para falar-lhe sobre a situação de Jerusalém. Mas não ficou parado, ensaiando se falaria desse jeito ou daquele. Foi buscar a face do Senhor e lhe pediu explicitamente que o orientasse e lhe desse graça para abordar o assunto com o poderoso Artaxerxes. Ou seja, Neemias orou com objetividade.

Qual é a sua causa, sua luta, seu problema? Qual é a vitória de que você precisa? Fale sobre isso objetivamente com Deus. Embora, obviamente, o Senhor conheça todas as coisas, e sabe do que precisamos, não devemos orar de maneira vaga. Neemias rogou especificamente pela graça divina, pedindo a Deus que o capacitasse a proferir as palavras certas a fim de obter o favor do rei.

Às vezes, duvidamos de Deus; se, de fato, Ele pode operar nessa ou naquela área. Então, é como se o trouxéssemos para nossa limitada dimensão. Isso é a pior coisa que podemos fazer. Saiba: Deus está infinitamente muito além daquilo que imaginamos. Ele tem poder, glória e majestade infinitamente maiores do que a mente humana pode alcançar.

Aprenda com Neemias. Primeiro, reconheça a soberania de Deus; segundo, reconheça sua fragilidade e sua dependência; terceiro, fale com objetividade daquilo que você está precisando.

ESTADO DE ESPÍRITO ADEQUADO

A partir do capítulo 2, encontramos outras atitudes de Neemias que colaboraram para a sua vitória: "Sucedeu, pois, no mês de Nisã, no ano vigésimo do rei Artaxerxes, que estava posto vinho diante dele e eu tomei o vinho e o dei ao rei; porém nunca antes estivera triste diante dele" (Neemias 2:1). Veja o estado de espírito de Neemias; ele, um grande líder, estava ali na condição de serviçal do rei que dominara seu povo. Já imaginou viver na condição de escravo, e ainda por cima sob as ordens de um monarca gentio? Pois mesmo assim Neemias não vivia triste — tanto que naquele dia o rei reparou que ele estava com o semblante caído, coisa que nunca acontecera antes.

Mas a sua tristeza foi imediatamente notada: "E o rei me disse: Por que está triste o teu rosto, pois não estás doente? Não é isso senão tristeza de coração. Então temi muito em grande maneira, e disse ao rei: Viva o rei para sempre! Como não estaria triste o meu rosto, estando a cidade, o lugar dos sepulcros de meus pais, assolada, e tendo sido consumidas as suas portas a fogo?" (Neemias 2:3,4).

Capítulo 5

O rei observou que Neemias estava diferente. Como ele viu isso? Porque Neemias tinha sempre um bom estado de espírito, era uma pessoa amiga, alegre e não vivia reclamando. Mas, no único dia em que ele ficou triste, pois acabara de saber da situação de penúria na Cidade Santa, o rei o notou.

Observe, portanto, como o fator humano é importante para se receber a vitória. O estado de espírito sempre negativo acaba por tirar de nós a verdadeira percepção da realidade, pois passamos a ver todas as coisas sob um prisma negativo. E é bom que se ressalte: isso não tem nada a ver com Deus. É uma distorção das regras de relações humanas. É, portanto, um problema horizontal, e não vertical.

DEPENDÊNCIA DE DEUS

O comportamento de Neemias expressa grande humildade, não apenas diante do Senhor, mas daquele rei a quem servia. Ele não perdeu a linha nem o respeito, quando disse: "Viva o rei para sempre!" Aquela era uma saudação usual diante do soberano, e quem a proferia reconhecia ser servo, submisso à autoridade real. Então o rei lhe abriu a guarda: "O que me pedes agora?"

Ao contrário do que muitos de nós costumamos fazer, Neemias não respondeu precipitadamente; antes, orou a Deus para saber como se comportaria naquela situação. Somente depois disso, falou: "Se é do agrado do rei, e se o teu servo é aceito em tua presença, peço-te que me envies a Judá, à cidade dos sepulcros de meus pais, para que eu a edifique. Então, o rei me disse, estando a rainha assentada junto a ele: Quanto tempo durará a tua viagem, e quando voltarás? E aprouve ao rei enviar-me, apontando-lhe eu um certo tempo.

"Disse mais ao rei: Se ao rei parece bem, deem-se-me cartas para os governadores dalém do rio, para que me deem passagem até que chegue a Judá; como também uma carta para Asafe, guarda do jardim do rei, para que me dê madeira para cobrir as portas do paço da casa, e para o muro da cidade, e para a casa em que eu houver de entrar. E o rei mas deu, segundo a boa mão de Deus sobre mim" (Neemias 2:5-8).

Veja a sabedoria de Neemias diante do rei. Em primeiro lugar, fez questão de frisar sua submissão às ordens de Artaxerxes, condicionando sua ida a Jerusalém ao agrado do monarca. Depois, deixou claro que não sairia em rebelião, já que marcou prazo para voltar; e ainda reconheceu a soberania real, enfatizando que as ordens de Artaxerxes seriam obedecidas tanto pelos governadores de outros reinos quanto pelo guarda do jardim do rei.

A humildade de Neemias ganhou o favor do rei. Quem precisa de alguma coisa não pode agir com altivez. Há um princípio para se obter a vitória: a sabedoria para falar, tanto diante de Deus, como perante o próximo. Perceba como Neemias agiu com prudência, falando com humildade, e conduzindo seu pedido por etapas.

PRIMEIRA ETAPA

Na primeira etapa, ele disse: "Se é do agrado do rei, e se o teu servo é aceito em tua presença, peço-te que me envies a Judá." Primeiro, ele pediu para ser enviado. O rei, ao lado da rainha, perguntou-lhe quanto tempo duraria sua ausência, e Neemias estabeleceu um prazo para voltar e reassumir suas funções na corte de Artaxerxes. Àquela altura, o rei certamente já conhecia o caráter daquele servo e sabia que poderia confiar nele.

Infelizmente, muitas pessoas me procuram para se queixar de que não dão certo em emprego algum. Quando conversamos, muitos põem até a culpa no diabo, dizendo que o inimigo os impede de serem bons profissionais e até de acordarem cedo. Prefiro acreditar que isso é resultado da irresponsabilidade e da preguiça, e não do diabo.

Capítulo 5

Da mesma forma, muitos agem com desleixo no ambiente de trabalho, atrasando-se no expediente, assumindo compromissos que não cumprem e deixando suas demandas pessoais atrapalharem as necessidades do serviço. Não esperem essas pessoas obter a boa vontade de chefes e patrões quando realmente precisarem se ausentar por um motivo justo — isto é, quando conseguem manter o emprego até que isso aconteça.

Mas Neemias, não; antes mesmo de pedir a dispensa ao rei, lá estava ele, cumprindo sua obrigação de servi-lo. Responsabilidade, zelo pelo trabalho e boa conduta são qualidades humanas necessárias para se obter a vitória. Deus faz a parte dele e espera que façamos a nossa. Por isso, como Neemias, procuremos ser pessoas de palavra!

SEGUNDA ETAPA

A segunda etapa do pedido de Neemias foi acerca de condições materiais para que pudesse realizar a obra que tinha no coração. Porém, como já temos observado, ele não fez isso de qualquer maneira. Ele explicou ao rei que a reconstrução de Jerusalém exigiria grande quantidade de recursos materiais.

Neemias já havia alcançado uma parte da bênção que almejava, ao obter a autorização para viajar. Agora, comportando-se com submissão, e não com arrogância, conseguiu a segunda parte, que foi o recebimento de grande quantidade de madeira, matéria-prima fundamental para a edificação dos muros da cidade. Agindo com prudência e sabedoria, o servo de Deus obteve o que pretendia.

Se você supõe que cabe ao Senhor fazer tudo em seu lugar, enquanto você fica de braços cruzados, sinto lhe dizer que sua suposição está errada. Deus concedeu ao homem inteligência, sentimento e percepção. Aquilo que você não pode fazer, certamente ele fará. Mas, o que é de sua responsabilidade, o Senhor não irá fazer por você.

Aprendemos todas essas coisas com o exemplo de Neemias, homem usado como seu instrumento, numa época difícil e para um trabalho tão árduo. E ele testifica a sua vitória, ao dizer que o rei havia lhe concedido o que pedira, "segundo a sua boa mão" (Neemias 2:8). E sabe qual o motivo? Porque, além de ser um servo fiel, ele foi um homem que, mesmo não estando sob condições ideais (pois estava no cativeiro), preocupou-se com as adversidades de seus irmãos na fé.

Há algo de maravilhoso nessa atitude. Quando agimos de maneira semelhante, mostramos, mediante nossos procedimentos, a fisionomia de Cristo para o mundo. Experimente, então, proceder da mesma maneira que Neemias, e você verá a boa mão de Deus estender-se também sobre a sua vida!

Capítulo 6

O perigo das pedras de tropeço

"O que, ouvindo Sambalate, o horonita, e Tobias, o servo amonita, lhes desagradou com grande desagrado que alguém viesse a procurar o bem dos filhos de Israel [...] Então, lhes declarei como a mão do meu Deus me fora favorável, como também as palavras do rei, que ele me tinha dito. Então disseram: Levantemo-nos e edifiquemos. E esforçaram as suas mãos para o bem. O que, ouvindo Sambalate, o horonita, e Tobias, o servo amonita, e Gesém, o arábio, zombaram de nós e desprezaram-nos, e disseram: Que é isto que fazeis? Quereis rebelar-vos contra o rei? Então lhes respondi e disse: O Deus dos céus é o que nos fará prosperar; e nós, seus servos, nos levantaremos e edificaremos, mas vós não tendes parte, nem justiça, nem memória em Jerusalém" (Neemias 2:10,18-20).

Há um hino, bem conhecido pelos cristãos, cuja letra diz: "Depois da luta, vem a vitória." Aliás, esse tema é comum no cancioneiro protestante. Muitos compositores sacros captaram essa noção e a transpuseram em inspiradas letras e sublimes melodias. Talvez nem todos esses hinos retratem a verdade por inteiro; mas, pelo menos em uma parte dela, estão absolutamente corretos. Mas entre o desejo e o

Capítulo 6

cumprimento da promessa, haverá sempre dificuldades e empecilhos, verdadeiras pedras de tropeço a serem removidas.

Isso é bíblico e o próprio Senhor Jesus é o exemplo maior. Quando lemos as páginas sagradas, descobrimos que, desde o princípio, Satanás esteve acompanhando a trajetória do Filho de Deus, procurando frustrar a promessa que está registrada em Gênesis 3:15.

Em Mateus 2, ele procurou usar o rei Herodes, no episódio conhecido como "a matança dos inocentes", em uma ação diabólica para tentar eliminar o menino Jesus. No mesmo evangelho, só que no capítulo 4, o Salvador, já adulto, defrontou-se frente a frente com o inimigo, que fez tudo o que estava a seu alcance para impedir o Senhor de alcançar a vitória. No célebre episódio da tentação, Satanás desafiou o Filho de Deus a operar milagres e a comprovar o cuidado do Pai em sua vida. No seu intento maligno, ofereceu-lhe os reinos do mundo e até usou a Palavra de Deus, em uma tentativa de confundi-lo; enfim, o diabo atacou Jesus de todos os lados, tentando colocar um obstáculo que pudesse demovê-lo de sua missão. Nada conseguiu, porém, além de sair derrotado da bendita presença do Mestre.

Mas o diabo não se cansa nunca. Mais adiante, no mesmo livro, lemos como ele usou os fariseus com o objetivo de colocar Jesus em escândalo contra o povo e os governantes da época, numa tentativa capciosa de eliminá-lo. Por várias vezes, os evangelhos mencionam conspirações com o objetivo de matar Jesus.

De fato, no processo da vitória, ele, Cristo, enfrentou diversas lutas e tribulações em seu ministério terreno, sempre com a participação de Satanás no processo, culminando com a traição que sofreu de Judas, um de seus discípulos: "Entrou, porém, Satanás em Judas, que tinha por sobrenome Iscariotes, o qual era do número dos doze" (Lucas 22:3).

O resto da história é bem conhecido — com as informações fornecidas por Judas, Jesus foi preso e pendurado no madeiro. Mas, quando o diabo imaginou que aquele seria o fim do plano da salvação do homem, sofreu uma terrível derrota. Aconteceu justamente o contrário! A ressurreição foi a mais retumbante vitória que Cristo alcançou para toda a humanidade, por meio da qual podemos ser salvos. Disse o Senhor: "Fui morto, mais eis aqui estou vivo para todo o sempre. Amém! E tenho as chaves da morte e do inferno" (Apocalipse 1:18).

Na trajetória da vida, você também, com certeza, terá de enfrentar muitos empecilhos, mas jamais desanime. Quando estiver se sentindo massacrado, derrotado e tudo estiver ruim ao seu lado, quando parecer que ninguém está se importando com você, com sua vida e seus problemas, fique firme. Você está começando a trilhar o caminho para a vitória! E quando você pensar que lhe sobrevirá o pior fracasso de sua vida, Deus usará aquela aparente derrota para lhe dar a maior vitória.

Paulo, em Romanos 8:31-39, falou de nossas lutas e vitórias. No versículo 31, ele fez, em forma de pergunta, uma declaração triunfante: "Se Deus é por nós, quem será contra nós?" Há, porém, pedras de tropeço a serem confrontadas para se alcançar a bênção. Elas estão descritas no mesmo trecho: "Tribulação, angústia, perseguição, fome, nudez, perigo e espada." Há muitos empecilhos no caminho, mas Deus é que nos garante a vitória.

No versículo 36, Paulo diz: "Como está escrito, por amor de ti somos entregues à morte todo o dia; fomos reputados como ovelhas para o matadouro." E a conclusão está no verso 37: "Mas em todas estas coisas somos mais do que vencedores, por aquele que nos amou." Sim, os obstáculos surgem para nos derrubar. Mas precisamos de condições espirituais para não deixar que esses obstáculos nos derrotem na busca pela vitória.

Existe uma estratégia para vencê-los, e ela consiste em não permitirmos que as acusações, o pecado, a tribulação e os problemas venham desviar-nos de nossa trajetória ao lado do Senhor. Podemos fazer isso apossando-nos e usando as armas espirituais apropriadas, que estão descritas em Efésios 6:14-18. Tome posse dessas armas e

Capítulo 6

você estará capacitado a vencer todos os empecilhos que surgirem na sua caminhada de fé.

A VITÓRIA INCOMODA OS INIMIGOS

Neemias já estava em plena obra de reparação dos muros, quando teve de enfrentar forte oposição: "E sucedeu que, ouvindo Sambalate, e Tobias, e os arábios, e os amonitas, e os asdoditas que tanto ia crescendo a reparação dos muros de Jerusalém, que já as roturas se começavam a tapar, iraram-se sobremodo. E ligaram-se entre si todos, para virem atacar Jerusalém e para os desviarem do seu intento." (Neemias 4:7,8).

Enquanto os muros de Jerusalém estavam destruídos, o povo de Israel disperso e tudo arrasado, ninguém se importava. Mas, no momento em que a vitória começou a ser desenhada por Neemias e seus seguidores, os adversários ficaram irados, pois o triunfo de Deus os incomodou.

Saiba que, quando você se levanta e começa a construir sua vitória, haverá quem vai tentar desanimá-lo ou mesmo derrubá-lo. Agora, você já sabe por que isso acontece: é que o Senhor vai conduzi-lo ao triunfo. Portanto, saiba que, quando você começar a ser abençoado, alguém na sua família, na vizinhança ou no ambiente de trabalho poderá começar a olhá-lo de cara feia.

Quando estamos em dificuldades, todos sabem disso e nem se incomodam. Mas, a partir do momento em que a sua bênção começar a ser notória, ela provocará inveja e perturbará o inimigo.

A VITÓRIA É UM PROCESSO DE CONSTRUÇÃO

"Os que edificavam o muro, e os que traziam as cargas, e os que carregavam, cada um com uma mão fazia a obra e na outra tinha as armas" (Neemias 4:17).

Os que edificavam o muro de Jerusalém foram sábios. Percebendo o risco de um ataque, não interromperam o trabalho. Eles adotaram novas estratégias. Diz a Bíblia que metade dos homens de Neemias manteve a obra em andamento, e a outra metade foi posta em guarda. Mesmo os que trabalhavam não afastavam de si as armas; o próprio Neemias dormia com a espada e o escudo ao seu lado, sempre pronto para se defender.

Há pessoas que, diante da dificuldade, ficam paradas, acreditando que, se obtiveram uma promessa de Deus, não têm com que se preocupar. Mas, não é bem assim. A Palavra diz que o inimigo está sempre ao nosso redor, rugindo como leão, e procurando a quem devorar. A postura correta é a mesma que Neemias adotou: permanecer alerta!

Meu amigo, procure perceber os fatores que podem distraí-lo ou envolvê-lo, pois triunfar não é uma coisa de importância menor. Ainda não encontrei na Bíblia uma vitória que tenha sido obtida de maneira simples. Pelo contrário — todos os triunfos dos servos de Deus foram construídos, trabalhados. Em todos os casos, muitas pedras de tropeço tiveram de ser removidas.

O próprio Jesus é um exemplo nítido dessa realidade. Todas as vitórias que o Filho de Deus alcançou tiveram um preço, pois ele sempre se deparou com circunstâncias negativas à sua volta: religiosos enraivecidos, políticos inescrupulosos, circunstâncias adversas entre aqueles a quem ministrava, heresias, invejas e tantas outras coisas, inclusive tentações, como a do diabo em pleno deserto. Mas a Bíblia diz que ele em tudo foi tentado, mas permaneceu sem pecado. Aleluia!

Cristo estava rodeado por um panorama dos mais difíceis. No entanto, em tudo foi vitorioso. Se seguirmos o seu exemplo, estaremos também dando os passos certos para sermos vencedores. Usemos, então, todas as formas lícitas para não perdermos a visão daquilo que o Senhor nos tem prometido, pois ele é fiel. Cabe-nos a missão bíblica de sermos "símplices como as pombas e prudentes como as serpentes".

Capítulo 6

As artimanhas do inimigo

"Sucedeu mais que, ouvindo Sambalate, Tobias, Gesém, arábio, e o resto dos nossos inimigos que eu tinha edificado o muro e que nele já não havia brecha alguma, ainda que até este tempo não tinha posto as portas nos portais, Sambalate e Gesém enviaram homens a me dizer: Vem e congreguemo-nos juntamente nas aldeias, no vale de Ono. Porém, intentavam fazer-me mal. E enviei-lhes mensageiros a dizer: Estou fazendo uma grande obra, de modo que não poderei descer. Por que cessaria esta obra, enquanto eu a deixasse e fosse ter convosco? E da mesma maneira enviaram a mim quatro vezes; e da mesma maneira lhes respondi" (Neemias 6:1-4).

Percebemos, por esse texto, que as artimanhas dos inimigos de Neemias continuaram. Eles perceberam que não poderiam atacá-lo de frente, pois estava vigilante e sempre armado; então, mudaram de tática. Tentaram associar-se a ele, pois acreditaram que, estando ao seu lado, conseguiriam enfraquecê-lo.

É assim que o inimigo age. Quando Deus começa a nos abençoar e nosso crescimento se torna evidente, logo chega alguém para minar nossas forças. E, não raro, são os mesmos que mais nos criticaram e perseguiram.

Quando os muros de Jerusalém estavam derrubados, ninguém demonstrou interesse em reerguê-los. Mas depois que Neemias e seus homens o reconstruíram, à custa de muita luta e trabalho, os que antes haviam conspirado contra a obra agora queriam unir-se a eles.

Ora, se Deus nos concedeu a vitória, por que iremos abrir a guarda e entregá-la a quem nada teve a ver com ela? Neemias foi sábio em sua decisão: "Não vou estar com vocês. Estou fazendo uma grande obra e não vou perder a visão, nem voltar atrás — meu negócio é para frente."

Lembremo-nos de Paulo, quando disse: "Irmãos, quanto a mim, não julgo que o haja alcançado, mas uma coisa faço, e é que, esquecendo-me das coisas que atrás ficam e avançando para as que estão diante de mim, prossigo para o alvo, pelo prêmio da soberana vocação de Deus em Cristo Jesus" (Filipenses 3:13,14). Continue sua marcha para frente, não perca seu objetivo; se você pediu direção a Deus e ele já a concedeu, então, não pare e não se importe com as pedras de tropeço. Deus está com você para removê-las!

REPARTINDO AS BÊNÇÃOS

Ao ler a história de Neemias, descobrimos que ele e seus aliados alcançaram o alvo e comemoraram com uma grande festa: "Disse-lhes mais: Ide, comei as gorduras, e bebei as doçuras, e enviai porções aos que não têm nada preparado para si, porque esse dia é consagrado ao nosso Senhor, portanto não vos entristeçais, porque a alegria do Senhor é a vossa força. Então, todo o povo se foi a comer, e a beber, e a enviar porções, e a fazer grandes festas, porque entenderam as palavras que lhes fizeram saber" (Neemias 8:10-12).

Sabe qual é a lição nessa passagem? Depois de a vitória ser conquistada, é preciso saber repartir as bênçãos! Se há uma coisa que me alegra é ver Deus abençoar alguém na igreja. Testemunhar o progresso de um cristão que estava numa situação difícil, mas que conseguiu prosperar por meio das portas que o Senhor lhe abriu; ou que precisava morar de favor, mas conquistou, com muita fé, a casa própria; ou que sofria por ver os entes queridos escravizados pelo pecado, mas que, pela misericórdia divina, conseguiu trazer toda a família aos pés de Jesus.

Mas o contrário também é verdadeiro. Fico triste ao ver alguém que estava muito bem perder suas posses e empobrecer, ou quem um dia foi instrumento nas mãos do Senhor, mas, por um motivo qualquer, afastou-se da fé.

Pior do que isso é presenciar a ingratidão de algumas pessoas. Quantas pessoas se queixam das dificuldades financeiras, mas tão

Capítulo 6

logo são abençoadas e alcançam bênçãos materiais, viram as costas para o Senhor? Quem muitas vezes vivia às custas do serviço social da igreja, ao alcançar determinada posição, passa a ser miserável para contribuir e estender a mão àqueles que se encontram em situação de dificuldade. Esquecem-se de seu passado, de sua vida e de como tudo lhe aconteceu.

Há quem se torne mesquinho depois de conquistar a bênção. A primeira coisa que faz é sonegar o dízimo. A seguir, quando já está insensível, perde completamente a vergonha, e como ninguém sabe quanto ganha, acaba dando ao Senhor apenas cinco por cento, ou três por cento — isso, quando dão alguma coisa! Além disso, tornam-se insensíveis diante da necessidade dos outros. Mas o Senhor não abençoa ninguém para que se torne egoísta, e sim, para que seja bênção para muitos!

Guardo na minha memória e no meu coração algo que você não pode imaginar. Orei muito tempo pedindo a Deus que me ajudasse a comprar um apartamento maior, porque desejava receber visitas e acomodá-las com mais conforto. E o Senhor atendeu a meu pedido. Regozijo-me com o que Ele fez comigo, pela forma como me abençoou e me colocou num local melhor.

Quando Deus me abriu a porta desse novo imóvel, eu tinha uma geladeira nova, um fogão novo e vários móveis que poderia ter trazido ou vendido. Mas havia dito à minha esposa que, se o Senhor me desse um apartamento melhor e condições de comprar tudo novo, daria todos os móveis e eletrodomésticos da casa anterior para abençoar a outros.

Não vendi um garfo sequer. Não dei nada ruim ou que não prestasse. Eram eletrodomésticos e móveis novos e bons. E sabe o que mais? Não aluguei o antigo apartamento. Se o fizesse, o valor do aluguel seria quatro ou cinco vezes maior que o valor da prestação que eu passei a pagar no novo. Simplesmente, falei com o cristão ao qual passei aquele apartamento que pagasse apenas as prestações do agente financeiro. Digo isso para a honra e glória do Senhor e para expressar minha gratidão a ele.

Quando Deus nos abençoa, é para que tenhamos condições de abençoar a outros. Ele abre as portas para você ser um abençoador; e mediante sua atitude de desprendimento, o nome do Senhor será glorificado. Tenho consciência de que não tenho condições de resolver o problema de todo mundo, mas posso dar a minha contribuição naquilo que posso — e certamente posso ajudar alguém!

Faça você o mesmo. Se não puder dar uma geladeira nova, nem um fogão novo, ofereça um quilo de feijão, por exemplo. Lembre-se da oferta daquela viúva pobre, que deu o que podia e foi abençoada pelo Senhor. Deus conhece sua possibilidade e sua estrutura.

Aprenda a repartir quando Deus lhe der vitória. Coloque isso no seu coração, pois a Bíblia diz que é melhor dar do que receber. Jesus também foi enfático nesta questão: "Dai e ser-vos-á dado." Quer obter vitória? Então abra a sua mão para outros.

Há ainda outra coisa que observo. Muitas pessoas, depois que se apossam da vitória, ainda ficam reclamando: "Não estou satisfeito. Esse apartamento tem cinco quartos; não poderia ter seis?", ou "Ah, esse carro já tem um ano de uso. Eu queria um zero quilômetro." Não murmure diante das bênçãos divinas. Olhe para si mesmo — estar vivo já é uma grande vitória. Você foi salvo pelo sangue de Cristo; quer vitória maior do que essa? A alegria do Senhor é a nossa força; alegre-se, e regozije, pois apesar das lutas, das tribulações e das adversidades, Deus o tem abençoado. Você é mais do que vencedor. Portanto, quanto mais Deus o abençoar, mais você deve compartilhar suas bênçãos com outros.

Foi isso que Neemias fez. Ele ensinou o povo a repartir. Na grande festa que celebrou a conclusão da obra, ele se lembrou das muitas pessoas que nada tinham preparado para si, enquanto outros deleitavam-se com banquetes. Então, orientou o povo para que

Capítulo 6

repartisse o alimento com quem nada tinha. Assim foi feito, e todo Israel pôde alegrar-se diante do Senhor.

Quando você estiver sentado à sua mesa, diante do frango assado, da macarronada, do feijão bem temperado, daquele arroz bem feito ou de uma sobremesa apetitosa, lembre-se de que muita gente não tem nada disso para comer. Por outro lado, saiba que, mesmo que você more num lugar humilde e receba um salário reduzido, tem a bênção de comer todos os dias e de dormir abrigado. Agradeça a Deus por isso, pois em nosso país há multidões de indigentes que hoje mesmo vão deitar-se ao relento e de barriga vazia.

Talvez, na sua igreja mesmo, haja alguém passando por uma dificuldade. Você pode ser uma bênção para esse alguém. No momento das compras, lembre-se de trazer alguma coisa para repartir com aquele cristão. Não faça alarde disso; guarde a situação entre você e Deus. E seu Pai, que vê em secreto, o recompensará.

Capítulo 7

O exemplo de um vaso escolhido

"Paulo, servo de Jesus Cristo, chamado para apóstolo, separado para o Evangelho de Deus" (Romanos 1:1).

O apóstolo Paulo é uma das figuras mais importantes e respeitadas da cristandade. Ao longo dos séculos, a memória daquele grande evangelista tem sido reverenciada e admirada por cristãos de todo o mundo. Mesmo sem ter feito parte do grupo original dos 12 discípulos que seguiam o Mestre, Paulo também foi contado entre os apóstolos. Seus escritos são parte fundamental das Sagradas Escrituras, e mesmo passados quase dois mil anos de sua morte, continuam inspirando e orientando os cristãos em sua caminhada cristã.

De fato, Paulo foi o apóstolo que mais se destacou por seu trabalho, pelas lutas que enfrentou e pelas grandes vitórias que obteve durante seu profícuo ministério. Ele levou a mensagem de Cristo por boa parte do mundo conhecido do seu tempo — da Ásia Menor ao que hoje é a Europa. Mas qual seria o segredo que orientava a vida desse homem chamado por Cristo na estrada de Damasco? De onde ele retirava tanta força, mesmo em meio a grandes sofrimentos? O que o fazia mover-se sempre para a frente, mesmo quando as dificuldades pareciam intransponíveis? Enfim, o que tornava Paulo um vencedor?

Capítulo 7

Essas são questões muito importantes e que demandam respostas complexas. Mas uma realidade salta aos olhos de quem se propõe a estudar a trajetória daquela importante figura da história do Cristianismo: Paulo submeteu-se ao completo senhorio de Cristo. Sabendo disso, veremos então alguns aspectos importantes de sua vida.

1. CONHECIMENTO CORRETO ACERCA DE DEUS

O primeiro aspecto que levou Paulo a viver em triunfo foi o correto conhecimento que ele tinha acerca do seu Deus. Deixe-me ilustrar uma verdade para você. Há pessoas que conhecem Deus a partir da ideia que fazem de seu pai, e isso, embora possa ser bom, na maioria das vezes é muito perigoso. Tal pensamento deriva do fato de que há um mecanismo psicológico de transferência, o qual funciona mais ou menos assim: como Deus tem as características de um pai, e é muitas vezes apresentado na Bíblia como nosso Pai celestial, muitas pessoas transferem para ele a imagem que têm do seu pai terreno ou de qualquer outra figura de autoridade que tenham sido importantes para elas.

Devemos ter cuidado, pois corremos o risco de, agindo assim, atribuirmos a Deus imagens distorcidas. Imagine quem teve um pai iracundo e violento; por essa ótica, poderia enxergar em Deus uma figura de características semelhantes. Outros imaginam um Deus vingativo, por terem tido a influência de um homem com esse defeito. É uma questão de transferência. E, ainda, outros fazem a ideia de um Deus bonachão, que vive sorrindo e não liga para nada, porque esse é o modelo que tiveram dentro de casa. Quem sabe tiveram um pai condescendente, que sempre dava um jeitinho em tudo, e nunca os chamou à responsabilidade. Assim, as pessoas vão construindo suas próprias imagens da figura de Deus, segundo aquilo que pensam ou imaginam em seu interior.

No entanto, observe a declaração de Paulo: "Por cuja causa [de Cristo], padeço também isto, mas não me envergonho, porque eu sei em quem tenho crido e estou certo de que é poderoso para guardar o meu depósito até aquele dia" (2Timóteo 1:12). Paulo está deixando claro que conhece o Senhor, e sabe muito bem que é o seu Deus. Ele não achava alguma coisa sobre Deus — Paulo o conhecia de fato e de verdade.

Mas, como ele podia ter essa certeza inabalável de quem era o seu Deus? Caminhemos um pouco com ele, através de alguns de seus escritos, para descobrirmos as respostas.

2. AMOR À PALAVRA DE DEUS

Em 2Timóteo 4:13, Paulo estava em uma prisão comum, entre prisioneiros e assassinos. Foi exatamente ali que ele escreveu a Timóteo, pedindo-lhe que trouxesse seu material de estudo: "Quando vier ter comigo, passa em Troas, na casa de Carpo, traz a minha capa, e principalmente os livros e os pergaminhos."

Paulo era um homem de muita meditação nas Escrituras. Esse é um ponto importantíssimo. Não existem fórmulas mágicas na vida cristã. Se alguém deseja verdadeiramente conhecer Deus, deve começar por amar sua Palavra.

3. VIDA DE ORAÇÃO

Descobrimos outro ponto importante sobre a vida do apóstolo Paulo mediante suas declarações a respeito de circunstâncias que tinha atravessado. Ele próprio descreveu as condições em que viveu e fez a obra de Deus, conforme 2Coríntios 11:27: "Em trabalhos e fadiga, em vigílias, muitas vezes, em fome e sede, em jejum, muitas vezes, em frio e nudez." Isso significa que Paulo era um homem de muito preparo espiritual. Ao longo de suas epístolas, muitas vezes o vemos em oração.

Capítulo 7

Ele costumava dizer aos seus destinatários: "Não me canso de orar por vocês"; Paulo era um homem de oração.

Existe um princípio muito simples e muito eficiente para se conhecer as pessoas com quem desejamos construir relacionamentos: conversar com elas. Ninguém pode conhecer satisfatoriamente alguém à distância. É preciso travar um relacionamento por meio da linguagem verbal e do convívio. Pois Paulo falava com Deus e com ele tinha um profundo relacionamento por intermédio da oração. Ele sabia quem era o seu Deus, amava sua Palavra e falava constantemente com o Senhor em suas orações. Por isso, Deus lhe revelava seus mistérios. Só mesmo alguém que conhecesse o Senhor com tamanha intensidade poderia declarar coisas tão profundas como fez Paulo.

DECLARAÇÕES REVELADORAS

Como essas declarações são importantes, tanto para a nossa edificação, como para revelar algo mais sobre o caráter e a vida vitoriosa do apóstolo, vejamos algumas delas.

"Posso todas as coisas naquele que me fortalece" (Filipenses 4:13); "O meu Deus, segundo as suas riquezas, suprirá todas as vossas necessidades em glória, por Cristo Jesus" (4:19); "Veio, porém, a lei para que a ofensa abundasse; mas onde o pecado abundou, superabundou a graça" (Romanos 5:20); "Ora, àquele que é poderoso para fazer tudo mais abundantemente além daquilo que pedimos ou pensamos, segundo o poder que em nós opera, a esse glória na igreja, por Jesus Cristo, em todas as gerações" (Efésios 3:20,21); "Mas graças a Deus, que nos dá a vitória por nosso Senhor Jesus Cristo" (1Coríntios 15:57); "Ora, ao Rei dos séculos, imortal, invisível, ao único Deus, seja honra e glória para todo o sempre. Amém" (1Timóteo 1:17).

Todas essas declarações revelam um conhecimento profundo das coisas espirituais; tão profundo, que só poderiam partir de alguém que privava intimamente da presença de Deus, como era o caso do apóstolo Paulo. Isso nos leva, inevitavelmente, a algumas perguntas. Em que medida conhecemos Deus? Sabemos realmente quem é ele? Temos um vislumbre da dimensão de seu poder? Se pudermos responder afirmativamente a tais questões, já estaremos no caminho da vitória.

4. Contentamento em qualquer circunstância

Chama a atenção na biografia de Paulo o fato de que ele sabia viver sob qualquer situação. Veja como ele se descreve: "Sei estar abatido e sei também ter abundância; em toda a maneira e em todas as coisas estou instruído, tanto a ter fartura como a ter fome, tanto a ter abundância como a padecer necessidade" (Filipenses 4:12).

Existem muitos cristãos que precisam aprender a viver de acordo com as circunstâncias, sejam elas boas ou ruins. Ora, se antigamente dava para comprar uma roupa nova todo mês, e hoje não dá mais, simplesmente não compre. Se antes o orçamento permitia férias anuais e hoje isso não é mais possível, fique em casa mesmo. Se há alguns anos você podia sair com a família para jantar fora, mas agora precisa cozinhar arroz com feijão, não murmure, mas tenha o coração agradecido.

O problema do julgamento alheio

Eu me lembro que, no início de meu ministério, eu não tinha carro. Então, andava para lá e para cá na kombi da igreja. Certo dia, fui pregar numa grande igreja do Rio, e, quando estacionei, veio um diácono, bateu no meu ombro e sussurrou: "O senhor é esperto, hein?" Diante do meu espanto com a inusitada recepção, ele continuou: "É, deixou o carro na garagem e veio com a kombi da igreja...", como se eu estives-

Capítulo 7

se interessado em dar uma impressão de falsa humildade. Quando eu disse que não tinha carro, e que o prédio onde morava nem garagem tinha, foi a vez de ele se espantar.

Lembro-me também de que, em outra ocasião, eu estava encontrando dificuldades para pagar o programa de TV. Faltava uma parte do valor, e a direção da emissora estava em cima de mim. Então, falei com o meu sócio e disse-lhe que estava apertado, e que precisava completar o dinheiro do pagamento naquele dia. Na verdade, ele já sabia disso, pois coordenava o programa, na época.

Com toda confiança, ele me fez a seguinte proposta: "Acabei de receber um cheque. Faça o seguinte: deposite-o na sua conta, retire o que você precisa, e depois me devolva o cheque da diferença." Acontece que o cheque que ele me deu equivalia a mais ou menos vinte vezes o valor de que eu precisava para completar o pagamento do programa. Se ele fez isso é porque havia confiança entre nós. E ele nem me perguntou quanto era a quantia que estava faltando. Um aproveitador poderia até tirar vantagem, devolvendo uma quantia aquém da diferença. Mas, se eu agisse assim, estaria não só traindo a confiança do meu amigo, abusando de sua lealdade, como pecando contra o Senhor. Tirei a exata parte para completar o pagamento, e, no outro dia, entreguei-lhe um cheque com o valor da diferença.

Uma coisa é o que é meu. Outra, o que é do próximo. Uma coisa é o que Deus abençoa; outra, é aquilo que ele quer me dar. Ninguém tem que andar atrás da vida de outrem. Viva a vida de acordo com as circunstâncias que Deus lhe concedeu. Aprenda a viver no Evangelho com fartura ou em apertos sem deixar de ser feliz. Querer viver uma vida acima de nosso padrão só nos trará problemas.

Se você não pode ter um carro novo, ande com o velho mesmo. E, se vir algum cristão de carro novo, glorifique a Deus por ele. E seja fiel, pois, se Deus quiser, ele abrirá uma porta para você também. Agora, se hoje você está bem, e amanhã acontecer alguma coisa má na sua vida, procure tirar lições positivas disso.

Diz um antigo ditado que a vida é como uma roda gigante: em um momento, estamos lá no alto, mas logo depois, descemos. Isso tem acontecido na vida de muita gente. É claro que ninguém quer descer; mas, quando isso acontecer com você, procure aprender algo com a nova situação sem perder a fé.

Eu conheço algumas pessoas que estavam bem de vida e podiam dar mais do que o necessário para a família. Depois, a situação mudou e veio o aperto. Pois em vez de reunir a família e expor a nova situação, a fim de encontrarem juntos maneiras de melhor enfrentá-la e superar as dificuldades, preferiram fingir que tudo estava bem. O resultado foi que acabaram por ficar numa situação ainda muito pior. Então, não cometa o mesmo erro. Procure ser honesto em qualquer circunstância, viva de acordo com o que você pode, e Deus vai abençoá-lo.

Paulo sabia viver em qualquer situação; ele afirmou que sabia estar abatido e ter em abundância. Em outras palavras, ele estava dizendo que nada tirava sua alegria em Deus, e que aprendeu a contentar-se com o que tinha nas mãos.

5. Visão das lutas como oportunidade de aprimoramento

Outro ponto que revela um pouco mais do segredo da vitória na vida de Paulo é que ele não encarava as tribulações, as adversidades e as lutas da vida como algum tipo de juízo de Deus, castigo ou maldição. Ao contrário — encarava tudo que lhe acontecia como oportunidade para aprimoramento de sua fé.

Hoje, muitos cristãos associam eventuais dificuldades ou sofrimentos com pecado, e ficam perguntando ao Senhor onde foi que pecaram. Todavia, na maioria das vezes, a causa do problema não é essa. Aprendemos pela Bíblia Sagrada que a provação pode fazer parte do propósito de Deus para que nossa fé seja aprimorada. A tribulação não é uma questão de maldição ou de pecado. Deus tem uma hora e um

Capítulo 7

tempo para tudo em nossa vida, conforme diz Eclesiastes 3. Observe o que Paulo escreveu: "E não somente isto, mas também nos gloriamos nas tribulações, sabendo que a tribulação produz a paciência; e a paciência, a experiência; e a experiência, a esperança. E a esperança não traz confusão, porquanto o amor de Deus está derramado em nosso coração pelo Espírito Santo, que nos foi dado" (Romanos 5:3-5).

Observe quantas coisas Paulo percebia como sendo provenientes da tribulação. Em outra epístola, depois de relatar as gloriosas revelações que recebeu da parte do Senhor, ele declarou: "E, para que me não exaltasse pelas excelências das revelações, foi-me dado um espinho na carne, a saber, um mensageiro de Satanás, para me esbofetear, a fim de não me exaltar" (2Coríntios 12:7).

Por três vezes, Paulo rogou a Deus para que o livrasse daquele espinho, que muitos autores consideram ser uma enfermidade. Você sabe o que significava para um judeu orar três vezes pela mesma coisa? O reconhecimento de uma necessidade extrema. Um judeu só orava três vezes pelo mesmo motivo quando sabia estar no último estágio que pudesse suportar. Pois assim estava Paulo.

Mas, veja a resposta de Deus: "A minha graça te basta, porque o meu poder se aperfeiçoa na fraqueza." Então, Paulo dá uma resposta surpreendente: "De boa vontade, pois, me gloriarei nas minhas fraquezas, para que em mim habite o poder de Cristo. Pelo que sinto prazer nas fraquezas, nas injúrias, nas necessidades, nas perseguições, nas angústias, por amor de Cristo. Porque, quando estou fraco, então sou forte." Muitas vezes, é nos momentos de dificuldade, de tribulação e adversidade que você procura buscar Deus com maior intensidade. Nesses momentos, sentimos que estamos mais perto de Deus e que Ele nos está aperfeiçoando.

E o que Paulo fala da tribulação? Da adversidade? "Porque a nossa leve e momentânea tribulação produz para nós um peso eterno de glória mui excelente" (2Coríntios 4:17).

O CASTIGO FORA DA LEI

Vale a pena lembrar o que Paulo chamou simplesmente de "leve e momentânea tribulação". Na época em que ele viveu, a lei romana, à qual estavam todos submetidos, determinava que um prisioneiro poderia ser açoitado, dependendo da natureza do delito cometido. O castigo era imposto por meio de um chicote de couro cru, entremeado de pequenos ossos de animais. Alguns tinham também pedaços de metal.

Paulo foi submetido a cinco sessões de 39 chibatadas cada — portanto, 195 no total. Segundo os especialistas, as primeiras 12 chibatadas eram dadas de trás para frente. Isto é, o condenado ficava de joelhos diante do carrasco, que lhe desferia os golpes. Parte atingia o ombro e parte lhe fustigava o peito. Era um suplício atroz — as primeiras chicotadas abriam verdadeiros sulcos na pele, e as seguintes iam dilacerando a carne, muitas vezes atingindo até os ossos. A dor era tão intensa que o preso muitas vezes perdia o controle de funções vitais. Muitos desmaiavam durante o castigo, e provavelmente carregariam sequelas físicas e psicológicas do suplício pelo resto da vida.

Mesmo assim, Paulo encarou tudo como parte do plano de Deus para sua vida. Ele não encarava o sofrimento como opressão do diabo ou castigo divino, mas como instrumento de Deus para aprimoramento de sua própria vida espiritual.

6. ÂNIMO FIRME EM TODAS AS CIRCUNSTÂNCIAS

Todos sabem que o estado emocional de determinada pessoa está ligado diretamente às circunstâncias de sua vida. Assim, quando ela consegue um bom emprego, por exemplo, naturalmente fica alegre. Em contrapartida, se é despedida, mostra-se acabrunhada. O jovem que passa no vestibular explode de contentamento; o que *é reprovado* cai no pior dos mundos. Quem está com saúde fica de bem com a vida, mas o doente perde o ânimo.

Capítulo 7

Assim a coisa acontece com a maioria dos seres humanos — mas, com Paulo, geralmente não era assim. Embora tão humano como qualquer um de nós, ele não permitia que as circunstâncias de vida interferissem no seu estado emocional.

Atos 16:12 registra que, quando chegou em Filipos, ele repreendeu o demônio de uma adivinha, e aqueles que a exploravam para obter dinheiro dos incautos foram se queixar aos magistrados. Paulo então foi capturado em praça pública, teve suas roupas arrancadas do corpo e foi castigado com violentas chibatadas. Depois, bastante ferido, foi preso juntamente com o companheiro Silas no cárcere inferior. Ali, amarrados ao tronco, era de se supor que estivessem revoltados; mas, não. Em vez de murmurarem contra Deus, preferiram cantar louvores a Deus. Assim nos informa o texto sagrado: "Perto da meia-noite, Paulo e Silas oravam e cantavam hinos a Deus, e os outros presos os escutavam" (Atos 16:25). Mesmo sob grilhões, o testemunho penetrante do Evangelho na vida de Paulo e Silas atingia todos quantos estivessem ao alcance de suas vozes.

Que belo exemplo aqueles dois cristãos nos dão! Quando você estiver atravessando uma adversidade, lembre-se de cantar louvores a Deus. Não permita que o sofrimento lhe roube a paz, a alegria e a presença de Deus. A propósito, você já louvou ao Senhor pelo dia de hoje? Já fez uma declaração de amor para o seu Deus? Então, faça-o enquanto há tempo. Agradeça e louve ao Senhor. Não deixe as circunstâncias da vida determinarem o seu estado emocional. Triunfe sobre elas!

Aqueles dois prisioneiros por amor a Cristo não se preocupavam com as circunstâncias. Estavam totalmente à mercê de seus captores — as autoridades poderiam muito bem mandar decapitá-los. Mas a visão deles estava muito além das circunstâncias. Por isso, em vez de ficarem se lamentando, preferiram permanecer em comunhão com o Senhor. E, mesmo sem clamarem especificamente por liberdade, Deus resolveu tirá-los de lá. A Bíblia diz que houve um terremoto que abalou a prisão e soltou as cadeias de todos. Por causa desse poderoso sinal, até o carcereiro acabou sendo salvo por Cristo, junto com toda a sua família.

Exalte o nome do Senhor. Mesmo em tribulações e situações adversas, glorifique a Jesus. Essa atitude faz bem à alma, reanima o espírito e serve como alavanca para a vitória. Não permita que as circunstâncias da vida retirem de você o brilho de Cristo.

7. Objetivos definidos

Outro aspecto da vida vitoriosa do apóstolo Paulo era a sua visão, que contemplava sempre objetivos definidos. Ele não andava a esmo, sem saber para onde ir e nem o que fazer da vida. Ao contrário — sempre sabia muito bem aonde queria chegar. Em certa ocasião, ele disse: "Irmãos, quanto a mim, não julgo que o haja alcançado; mas uma coisa faço, e é que, esquecendo-me das coisas que atrás ficam e avançando para as que estão diante de mim, prossigo para o alvo, pelo prêmio da soberana vocação de Deus em Cristo Jesus" (Filipenses 3:13,14).

Chega a ser preocupante como, nos dias de hoje, os cristãos perderam de vista o objetivo do céu. Em outros tempos, tudo o que o povo de Deus fazia era anelar pela eternidade, dando pouca importância às coisas terrenas. Ultimamente, o brado "Maranata — Ora vem, Senhor Jesus!" tem sido cada vez menos ouvido.

Parece até que nosso Salvador não vem mais, que a vida é aqui mesmo e tudo se acaba com a morte. O brilho, a grandeza, a esperança e a expectativa pela vinda de Jesus, que serviram de estímulo e conforto para tantas gerações de cristãos, deixaram de ser os grandes alvos da vida do cristão.

Meu objetivo é que um dia vou ser arrebatado, arrancado daqui; sou apenas um peregrino. Mas tem gente que vive como se fosse morar aqui para sempre. Na vida material também vejo cristãos sem objetivos, perdidos, sem saberem o que fazer e até presos a coisas ruins

Capítulo 7

do passado. Há muitas pessoas que se lembram de coisas negativas que lhes aconteceram muito tempo atrás e fazem disso um empecilho às bênçãos de Deus. Mas o apóstolo disse claramente: "Uma coisa faço, e é que, esquecendo-me das coisas que atrás ficam..."

Em outras palavras: o que ficou lá para trás — as decepções, as dores, os traumas — não interessa mais. Somos nova criatura em Cristo; então, façamos como Paulo fez: "Avançando para as que estão diante de mim, prossigo minha carreira, vou em frente, lutar e caminhar, até receber o prêmio da soberana vocação."

SEM LUTAS NÃO HÁ VITÓRIAS

Há pessoas pensando assim: "Tenho objetivos na vida, mas estou triste porque imaginava que iria alcançá-los de maneira rápida; mas está sendo muito difícil." Não se iluda — para conquistar as coisas, é preciso enfrentar as lutas e as dificuldades. Não existe vitória fácil, nem no campo espiritual, nem no material. Na esfera espiritual, é preciso batalhar contra o diabo, superar a carne e rejeitar o pecado. Se você quer buscar uma resposta de Deus, é preciso, como diziam os cristãos mais antigos, "fazer calo no joelho", isto é, clamar ao Senhor, jejuar, chorar diante do Pai. Isso, evidentemente, não é fácil.

No entanto, as coisas de Deus são objetivas. Eis o que Paulo disse para mostrar que tinha objetividade: "Prossigo para o alvo." Mesmo sabendo que haveria provações o apóstolo nunca deixou de cumprir os planos de Deus para sua vida. O resultado foi um frutífero ministério, cujos frutos são vistos até hoje.

Em Atos 20, vemos que ele foi para Jerusalém, sem ter ideia do que lhe poderia acontecer lá, senão, conforme suas próprias palavras, "o que o Espírito Santo, de cidade em cidade, me revela, dizendo que me esperam prisões e tribulações" (v. 22,23). No entanto, nem mesmo essa sombria perspectiva foi capaz de demovê-lo de seu objetivo. Vale a pena ser cristão e batalhar por Jesus.

A mesma situação acontece na vida material; para você vencer, terá de ter um objetivo definido e esforçar-se bastante. Paulo, embora tivesse objetivos espirituais, pagou um preço altíssimo por sua fé. Enfrentou todo tipo de provações: fome, sede, nudez, danos morais, ridicularização em praça pública, apedrejamento, açoites, fustigamento com varas, naufrágios, perseguições, enfrentamento de salteadores, intrigas de falsos cristãos e muitas outras coisas.

Mas qual foi a declaração que fez? "Quem nos separará do amor de Cristo? A tribulação, ou a angústia, ou a perseguição, ou a fome, ou a nudez, ou o perigo, ou a espada? Como está escrito: Por amor de ti somos entregues à morte todo o dia; fomos reputados como ovelhas para o matadouro. Mas em todas estas coisas somos mais do que vencedores, por aquele que nos amou. Porque estou certo de que nem a morte, nem a vida, nem os anjos, nem os principados, nem as potestades, nem o presente, nem o porvir, nem a altura, nem a profundidade, nem alguma outra criatura nos poderá separar do amor de Deus, que está em Cristo Jesus, nosso Senhor" (Romanos 8:35-39).

Vemos, então, que Paulo vivia triunfante em qualquer situação. Havia, no entanto, algo mais em sua vida, que o capacitava a essa vida de triunfo. Esse algo mais pode ser expresso por três fatores. São três qualidades sobre as quais o apóstolo se referiu em 1Coríntios 13:13: "Agora, pois, permanecem a fé, a esperança e o amor, estes três; mas o maior destes é o amor." Nisso se resume todo o seu segredo.

Primeira qualidade: a fé

"Combati o bom combate, acabei a carreira, guardei a fé" (2Timóteo 4:7). Qual seria esse bom combate a que o apóstolo faz alusão? A trajetória da vida cristã. Paulo estava dizendo que enfrentou tudo e chegou ao fim da vida sem abrir mão de sua fé. Que bela maneira de chegar ao fim da vida, não?

Capítulo 7

SEGUNDA QUALIDADE: A ESPERANÇA

O que é a perseverante confiança no futuro? A resposta está na declaração do apóstolo: "Se esperamos em Cristo só nesta vida, somos os mais miseráveis de todos os homens" (1Coríntios 15:19). Podemos perceber que a esperança de Paulo não se limitava a esta vida, ou seja, às conquistas pessoais ou materiais, mas abrangia a própria eternidade.

TERCEIRA QUALIDADE: O AMOR

"Eu, de muito boa vontade, gastarei e me deixarei gastar pelas vossas almas, ainda que, amando-vos cada vez mais, seja menos amado" (2Coríntios 12:15). Paulo expressou amor pelos cristãos da Igreja em Corinto, sem esperar contrapartida. As pessoas que não amam são rancorosas, guardam ódio, têm problemas emocionais, vivem amarguradas e não sabem perdoar. Paulo era um homem que amava. Sabia que o amor valia a pena.

Ele era um homem de fé, de esperança e de amor. Por isso tinha um estilo de vida vitorioso. Siga o exemplo desse vaso escolhido por Deus. Seja você também um vencedor.

Capítulo 8

Segurança em meio às tempestades

"Que diremos, pois, a estas coisas? Se Deus é por nós, quem será contra nós? Aquele que nem mesmo a seu próprio Filho poupou, antes o entregou por todos nós, como nos não dará também com ele todas as coisas? Quem intentará acusação contra os escolhidos de Deus? É Deus quem os justifica. Quem os condenará? Pois é Cristo quem morreu, ou antes, quem ressuscitou dentre os mortos, o qual está à direita de Deus, e também intercede por nós. Quem nos separará do amor de Cristo? A tribulação, ou a angústia, ou a perseguição, ou a fome, ou a nudez, ou o perigo, ou a espada? Como está escrito: por amor de ti somos entregues à morte todo o dia; fomos reputados como ovelhas para o matadouro. Mas em todas estas coisas somos mais do que vencedores, por aquele que nos amou. Porque estou certo de que nem a morte, nem a vida, nem os anjos, nem os principados, nem as potestades, nem o presente, nem o porvir, nem a altura, nem a profundidade, nem alguma outra criatura nos poderá separar do amor de Deus, que está em Cristo Jesus, nosso Senhor" (Romanos 8:31-39).

Todo ser humano sabe que a vida não se constitui somente de dias alegres, ensolarados e serenos. Também existirão momentos

Capítulo 8

de angústias, aflições e necessidades, os quais representam as tempestades que temos de atravessar. Por isso, é preciso encará-la com a motivação apropriada. Existe a tendência natural no ser humano de sempre olhar para as dificuldades, em vez de manter os olhos confiadamente em Deus. Essa tendência, se cultivada e não combatida pela fé, só pode trazer inquietações.

Aprendemos com o apóstolo Paulo que não devemos agir dessa forma. Ele não nega, absolutamente, a existência dos problemas; ao contrário, usou parte de suas epístolas para advertir os cristãos de que os problemas viriam. Mas ele colocou tudo numa ordem de prioridade, cuja observância é fundamental para nos sentirmos seguros, mesmo em meio ao vendaval.

O apóstolo fez uma pergunta que, por si só, se constitui numa prova de fé para vencer: "Que diremos, pois, a estas coisas? Se Deus é por nós, quem será contra nós?" Paulo declara de maneira peremptória que Deus está conosco — e, se Ele está conosco, nada nos poderá destruir.

O profeta Jeremias fez uma declaração tremenda, mesmo em meio a uma forte tribulação: "Ah, Senhor Jeová! Eis que tu fizeste os céus e a terra com teu grande poder e com o teu braço estendido; não te é maravilhosa coisa alguma" (Jeremias 32:17). Sim, não há nada difícil demais que o Senhor não possa fazer!

QUANDO DEUS MANDA, AS COISAS ACONTECEM

Quando o Deus a quem servimos ordena, nada pode impedir a sua vontade. Isso fica claro logo no início da Bíblia. O livro do Gênesis mostra que o mundo passou a existir por sua vontade: "E disse Deus: haja luz. E houve luz" (Gênesis 1:3). Quando ele manda, imediatamente as coisas acontecem. O salmista, em Salmos 33:9, diz: "Porque falou, e tudo se fez; mandou, e logo tudo apareceu."

Abrão, o mesmo que deixou tudo para trás para seguir a ordem divina, mais adiante viu-se novamente em uma difícil situação. Ele recebeu instrução do Senhor para que sacrificasse seu filho, Isaque — aquele mesmo cujo nascimento fora predito pelo Senhor a despeito de todas as circunstâncias contrárias, conforme vimos antes. Mas, no exato momento em que iria cometer a imolação, o patriarca ouviu a voz de Deus. O Senhor ficara satisfeito com sua prova de obediência, e providenciou um cordeiro para a imolação. O escape do Senhor chega no tempo certo!

José, um dos filhos de Jacó, vendido como escravo pelos próprios irmãos, foi traído na casa de Potifar e também por seus companheiros de prisão, mas Deus nunca o esqueceu. O Senhor o arrancou do calabouço e o colocou num lugar de glória, como governador de todo o Egito, um dos mais poderosos reinos da Antiguidade. Pois esse mesmo Deus age ainda hoje e pode dar-lhe vitória sobre qualquer problema, ainda que você esteja no fundo do poço.

Séculos depois, Israel estava sendo massacrado naquele mesmo Egito. A memória de José, que fora decisivo para a sobrevivência da nação, foi esquecida, e os hebreus acabaram escravizados. Faraó era poderoso e tinha o maior exército do mundo naquela época. Além disso, possuía uma tecnologia avançadíssima. Tamanha era a ciência do Egito que, até hoje, ninguém descobriu os segredos do seu eficientíssimo processo de mumificação, capaz de conservar os corpos por milênios. Da mesma forma, nem mesmo a moderna engenharia é capaz de explicar como as monumentais pirâmides foram levantadas.

Apesar de tudo isso, Deus, com mão forte, arrancou seu povo daquele lugar. Não há inimigo, por mais poderoso que seja, que possa deter a mão forte do Senhor.

Foi essa mesma mão forte do Senhor que, nos dias de Moisés, providenciou no deserto maná, carne e água. Também nuvem para proteger do calor e coluna de fogo para proteger do frio. E nos dias de Josué, fez o sol e a lua pararem! Diz a Bíblia que Deus ouviu a

Capítulo 8

oração de um só homem. Ele pode ouvir a sua oração hoje, e dar-lhe a vitória de que precisa.

UMA PROMESSA ALVISSAREIRA

Os extremos, porém, devem ser evitados. Existem pessoas que acham que servir a Deus implica apenas em sofrimento e tribulação. Isso não corresponde à realidade do Cristianismo. Precisamos ter sabedoria para entender isso.

Quando lemos: "Aquele que nem mesmo seu próprio Filho poupou, antes o entregou por todos nós, como nos não dará também com ele todas as coisas?" (Romanos 8:32), vemos uma promessa que afirma que o Senhor, que nos deu seu próprio Filho, nos dará também com ele todas as coisas! Por trás dos sofrimentos e das tribulações estão as bênçãos e as vitórias!

Em Lucas 24:26 está escrito: "Porventura não convinha que o Cristo padecesse estas coisas e entrasse na sua glória." Primeiro, ele padeceu. Depois, entrou na glória.

Alguém pode imaginar que é possível obter vitória deitado numa rede e tomando suco de laranja, falando consigo mesmo: "O negócio está feio, mas daqui a pouco melhora e não vou enfrentar tribulações."

Como poderia ser assim, se o próprio Jesus sofreu e pagou o preço? No entanto, temos uma esperança. Palavra fiel é esta: se morrermos com ele, também com ele viveremos (2Timóteo 2:11).

"Quando Cristo, que é a nossa vida, se manifestar, então, também vós vos manifestareis com ele em glória" (Colossenses 3:4). As lutas, as adversidades, os problemas e as batalhas da vida não são para nos destruir, mas para nos levar à glória.

Foi exatamente isso que aconteceu com Jesus. A Palavra diz que Deus não poupou seu próprio Filho. Todas as coisas e todos os inimigos que tentam nos derrotar hoje, agiram da mesma forma com Jesus.

O Salvador sofreu todo o tipo de perseguição que sofremos hoje, mas, com uma diferença: Ele venceu a todas; não perdeu uma batalha sequer. Mesmo tendo chegado a dizer: "Pai, se possível, passa de mim este cálice."

A situação não era brincadeira, estava muito difícil, mas ele venceu, e você pode vencer também. A provação serve para que se valorize a vitória e se aprenda a depender de Deus. Portanto, reconheça que a luta não é nada, mas Deus é tudo.

OS INIMIGOS A SEREM VENCIDOS

Quais são, então, os inimigos que tentam nos derrotar? A partir de Romanos, Paulo os apresenta. É interessante notar que eles seguem uma escala de importância. Estão em ordem decrescente.

1. SATANÁS

O primeiro deles aparece no versículo 33: "Quem intentará acusação contra os escolhidos de Deus? É Deus quem os justifica." Quem é que nos acusa? O diabo, Satanás. Apocalipse 12:9,10 diz: "E foi precipitado o grande dragão, a antiga serpente, chamada o diabo, e Satanás, que engana todo o mundo; ele foi precipitado na terra, e os seus anjos foram lançados com ele.

E ouvi uma grande voz no céu, que dizia: Agora chegada está a salvação, e a força, e o reino do nosso Deus, e o poder do seu Cristo; porque já o acusador de nossos irmãos é derribado, o qual diante do nosso Deus os acusava de dia e de noite."

Aqui está o nosso principal inimigo, o maior deles, Satanás. Primeiro Deus nos dá vitória no mundo espiritual e, depois, no campo material. A nossa maior vitória não é a abertura de uma porta de emprego, a cura de uma enfermidade ou a solução de um problema

Capítulo 8

na família. Todas essas coisas constituem bênçãos; mas, como vimos, a vitória mais abrangente é sobre Satanás, o inimigo de nossa alma.

Uma ilustração eloquente desse fato, conforme já vimos, é a vida de Jó. Quem foi que chegou diante de Deus para o acusar? Com quem Deus falou? "Estás vendo meu servo Jó? Homem sincero, reto, temente a Deus e que se desvia do mal." Todos sabemos que foi com Satanás.

E qual foi a resposta dele ao Senhor? "Porventura não o cercaste tu de bens a ele, e a sua casa, e a tudo quanto tem? A obra de suas mãos abençoaste e o gado está aumentando na terra. Mas estende a tua mão, e toca-lhe em tudo quanto tem, e verás se não blasfema de ti na tua face" (Jó 1:10,11).

Eis o acusador sempre pronto a nos destruir e a nos tirar da presença de Deus. No entanto, Paulo escreveu: "Quem intentará acusação contra os escolhidos de Deus? É Deus quem os justifica." Esse grande inimigo já está derrotado. Tenha certeza disso.

Alguém muito atribulado disse para mim: "Pastor, estou sendo atormentado por um demônio." Então, imediatamente, lhe respondi: "Pode ficar tranquilo, o papel dele é esse mesmo. Mas fique sabendo que você foi justificado pelo sangue do Cordeiro, a marca de Cristo está em você, e ele sabe disso." Essa é a nossa primeira e grande vitória contra as potestades do inferno.

Certa vez, assisti a uma reportagem antes de ir pregar em uma igreja. Ela falava sobre uma casa fechada que exalava mau cheiro. Julgando ter havido algum incidente, os vizinhos foram abri-la. E lá encontraram os cadáveres de duas crianças, de uma mulher e o do próprio assassino, que estava com um tiro na cabeça.

Que é isso? Ação do diabo. Pois seu papel é roubar, matar e destruir. Alguns de seus nomes são Belial, Indigno, Perverso, Maligno, Dragão, Antiga Serpente, Pai da mentira. Ele é a própria personificação do mal.

Mas você já o derrotou pelo poder do nome de Jesus. Quando ele for a Deus para o acusar, o Senhor lhe dirá: "Está vendo aquele cristão? Ele está justificado pelo sangue do meu Filho." Essa é a nossa primeira grande vitória.

2. O PECADO

O segundo é o pecado. A Palavra diz: "Quem os condenará? Pois é Cristo quem morreu ou, antes, quem ressuscitou dentre os mortos, o qual está à direita de Deus e também intercede por nós" (Romanos 8:34). Quem é que nos condena? O pecado. Como uma pessoa é condenada pela lei espiritual? Por meio do pecado. Pecar significa distanciar-se de Deus.

Há várias passagens da Bíblia que falam sobre o assunto. Quem vive na prática do pecado não herdará o reino de Deus. Quem vive pecando está afastado de Deus. Quem morrer em pecado vai para o inferno. Quem sente prazer no pecado será condenado eternamente. Isso é muito terrível.

Alguém preocupado com isso dirá: "Mas, pastor, estou há dez anos com uma enfermidade e há cinco venho atravessando um sério problema. Será que Jesus me perdoou mesmo?" A resposta é: "Nenhuma condenação há para os que estão em Cristo Jesus, que não andam segundo a carne, mas segundo o espírito."

João diz: "Meus filhinhos, estas coisas vos escrevo, para que não pequeis; e, se alguém pecar, temos um Advogado para com o Pai, Jesus Cristo, o Justo" (1João 2:1). Você venceu o pecado quando entregou sua vida a Jesus. Não há nada que o possa condenar. Essa é a nossa segunda grande vitória. Aleluia!

É possível que você tenha vivido até aqui imaginando só ter tido problemas e nenhuma vitória. Mas o Espírito Santo lhe mostra agora que há tantas vitórias na sua vida que você nem consegue imaginar. São vitórias importantes e fundamentais sobre o diabo e o pecado.

Capítulo 8

Em Hebreus 7:25, está escrito: "Portanto, pode também salvar perfeitamente os que por ele se chegam a Deus, vivendo sempre para interceder por eles."

E Romanos 8:26, diz: "E da mesma maneira também o Espírito ajuda as nossas fraquezas; porque não sabemos o que havemos de pedir como convém, mas o mesmo Espírito intercede por nós com gemidos inexprimíveis."

Tenha certeza de que, se você estiver passando por uma dificuldade ou por um problema espiritual, o Espírito Santo o ajudará. Com o poder de Deus em sua vida, você já derrotou os seus dois grandes inimigos: o diabo e o pecado. E agora está livre.

3. AS LUTAS DA VIDA

O terceiro inimigo são as lutas da vida. Elas tornam-se nossas inimigas e manifestam seu poder contra nós, mas nada, absolutamente nada, poderá nos separar do amor de Cristo.

Nem a tribulação, nem a angústia, nem a perseguição, nem a fome, nem a nudez, nem o perigo, nem a espada, conforme nos ensina Romanos 8:35. Esses inimigos são menores do que os dois anteriores, mas muitas vezes os reputamos como os maiores.

4. A TRIBULAÇÃO

Paulo disse: "Quem nos separará do amor de Cristo? A tribulação?" Você está passando por tribulações? Elas constituem as adversidades da vida. Às vezes, um filho quebra a perna, a mulher é operada, você perde o emprego ou bate o carro. Todavia, a Palavra afirma: "Mas também nos gloriamos nas tribulações, sabendo que a tribulação produz a paciência; e a paciência, a experiência; e a experiência, a esperança. E a esperança não traz confusão, porquanto o amor de Deus está derramado em nosso coração pelo Espírito Santo que nos foi dado" (Romanos 5:3-5).

Segurança em meio às tempestades

O prazer de Paulo não consistia em ficar encantado com as coisas desta vida, tais como carro novo, casa nova, aprovação em concurso público, cargo de chefia na empresa, salário dobrado. Ele disse: "Sinto prazer nas tribulações."

Procure enxergar quanta coisa boa você recebe de Deus quando está passando por tribulações. Não reclame; elas não existem para destruí-lo e nem para roubar sua fé, mas para fortalecer sua vida. Espere mais um pouquinho que Deus vai lhe dar vitória e abrir a porta.

Diz Salmos 34:19: "Muitas são as aflições do justo, mas o Senhor o livra de todas." Deus vai livrá-lo da situação na qual você se encontra, dar-lhe vitória e solução para o seu problema. E sua vida cristã será enriquecida.

5. A ANGÚSTIA

"Quem nos separará do amor de Cristo? A tribulação ou a angústia?" A angústia é algo mais difícil que a tribulação. Ela traz agonia e aflição intensas.

O ser humano não está equipado para andar angustiado. Uma pessoa angustiada por muito tempo é candidata em potencial a ser depressiva. Se isso acontecer, ela poderá ter doenças e sequelas sérias no seu organismo.

Quem sabe você esteja vivendo com angústia no seu coração? Se isso estiver ocorrendo, permita-me receitar-lhe um remédio excelente: A Palavra de Deus. "Invoca-me no dia da angústia, eu te livrarei, e tu me glorificarás" (Salmos 50:15).

Leia a sua palavra, invoque-o, conte para ele a sua aflição. Ele tem poder para arrancar a angústia do seu coração e dar-lhe a paz de que você precisa. Veja a experiência do salmista: "Amo ao Senhor, porque ele ouviu a minha voz e a minha súplica. Porque inclinou para mim os seus ouvidos; portanto, invocá-lo-ei enquanto viver. Cordéis de morte me cercaram, e angústias do inferno se apoderaram de mim;

Capítulo 8

encontrei aperto e tristeza. Então invoquei o nome do Senhor, dizendo: Ó, Senhor, livra a minha alma!" (Salmos 116:1-4).

Perceba a resposta divina: "Piedoso é o Senhor e justo; o nosso Deus tem misericórdia. O Senhor guarda os símplices; estava abatido, mas ele me livrou. Volta, minha alma, a teu repouso, pois o Senhor te fez bem. Porque tu, Senhor, livraste a minha alma da morte, os meus olhos das lágrimas, e os meus pés da queda. Andarei perante a face do Senhor na terra dos viventes. Cri, por isso estive muito aflito" (Salmos 116:5-10).

Deus tem poder para dar vitória sobre a angústia. Infelizmente, temos a mania de criar muitos inimigos. Paremos com isso. Em vez de ficarmos com o olhar fixo no inimigo, olhemos para aquele que nos está amparando, porque entre nós e o inimigo está Deus.

A história de Israel, quando saiu do Egito, nos mostra isso. Êxodo 14 relata que Faraó estava perseguindo Israel. À frente do povo de Deus estava o anjo do Senhor, e no alto, a nuvem. Quando o exército de Faraó apontou lá atrás, o que aconteceu? A nuvem e o anjo do Senhor passaram para trás. Entre Israel e o exército de Faraó, estava o anjo do Senhor.

Talvez você diga: "Pastor, estou sendo perseguido, preciso de vitória." Fique tranquilo, o Deus que o ampara é muito maior e infinitamente superior à sua perseguição. Não tema nem se assuste com esses inimigos; a vitória está assegurada.

Você está com medo da perseguição? Você poderá argumentar: "Ah, pastor, vou demitir-me porque a coisa está feia onde trabalho; a perseguição é tremenda." Mas, Deus não lhe prometeu vitória? Você não disse que foi Deus quem abriu a porta desse emprego? Se sair agora não provará o sabor do triunfo.

6. A LUTA COTIDIANA

Vejamos agora aquele embate que os cristãos enfrentam a cada dia. O apóstolo se refere à fome e à nudez. Embora nem todos tenham uma experiência que chegue a esse ponto, a maioria conhece a luta pelas necessidades básicas, como comida e vestuário.

Quantas vezes a gente teme pela situação: despensa vazia, dinheiro curto, roupa rasgada e sapato se abrindo. Aí, começam as apreensões: "Jesus, como é que vai ser? A coisa está ficando apertada. Será que Deus vai me dar vitória? Será que ele está olhando para mim? Está ficando difícil. Parece que não tem saída."

É o momento, então, de nos lembrarmos do que Jesus disse: "Por isso, vos digo: não andeis cuidadosos quanto à vossa vida, pelo que haveis de comer ou pelo que haveis de beber, nem quanto ao vosso corpo, pelo que haveis de vestir. Não é a vida mais do que o mantimento, e o corpo, mais do que o vestido? Olhai para as aves do céu, que não semeiam, nem segam, nem ajuntam em celeiros; e nosso Pai celestial as alimenta. Não tendes vós muito mais valor do que elas? E qual de vós poderá, com todos os seus cuidados, acrescentar um côvado à sua estatura? E, quanto ao vestido, por que andais solícitos? Olhai para os lírios do campo, como eles crescem; não trabalham, nem fiam; e eu vos digo que nem mesmo Salomão, em toda a sua glória, se vestiu como qualquer deles" (Mateus 6:25-29).

Ele sempre deu importância às questões da vida diária: "Pois, se Deus assim veste a erva do campo, que hoje existe e amanhã é lançada no forno, não vos vestirá muito mais a vós, homens de pequena fé?" (Mateus 6:30). Precisamos, tão somente, colocar o Senhor em primeiro lugar em nossa vida. Quem sabe você está passando por uma necessidade por colocar Deus em segundo, terceiro ou quarto lugar na sua vida? Coloque-o em primeiro, e veja o que acontecerá!

O salmista Davi disse: "Fui moço, e agora sou velho; mas nunca vi desamparado o justo, nem a sua descendência a mendigar o pão" (Salmos 37:25). Deus tem poder para lhe dar vitória sobre as necessidades básicas da vida.

Capítulo 8

7. O RISCO DE VIDA

O texto paulino também se refere a "perigo ou espada", reportando-se a situações que podem envolver ameaças maiores, inclusive risco de vida. Contudo, a Palavra de Deus assegura-nos de Sua proteção.

Salmos 23:4 diz: "Ainda que eu andasse pelo vale da sombra da morte, não temeria mal algum, porque tu estás comigo; a tua vara e o teu cajado me consolam." Nossa vitória está assegurada contra o diabo, o pecado e todas as adversidades da vida.

Não sei qual é o seu problema, a sua necessidade, ou aquilo que o está perturbando. Todavia, o apóstolo Paulo concluiu dizendo: "Mas em todas estas coisas somos mais do que vencedores, por aquele que nos amou" (Romanos 8:37).

É possível que alguma de minhas citações neste capítulo constitua a provação por que está passando na vida. Quero, porém, recordá-lo de que você é mais do que vencedor. A vitória é tão espetacular que você não é apenas vencedor; a expressão aqui é "mais do que". Isso significa uma segurança incomum em sua existência.

A Bíblia diz: "Se Deus é por nós, quem será contra nós?" Declare isso! Sua luta é momentânea; a vitória está diante de você, em algum lugar do futuro. Pode ser daqui a um segundo, amanhã, ou no mês que vem. O tempo não importa. O que tem importância é que a sua vitória já está assegurada!

Mesmo em meio às tempestades da vida, se você olhar para trás, verá o Calvário; se olhar para a frente, verá a vitória. O Calvário é a garantia da vitória. Os céus e o Espírito Santo declaram isso para você. Apesar de todas as dificuldades, você é um campeão, pois o Senhor trabalha por você! A bonança chegará!

Capítulo 9

Provisão para todas as necessidades

"O meu Deus, segundo as suas riquezas, suprirá todas as nossas necessidades em glória, por Cristo Jesus" (Filipenses 4:19).

Quem na vida cristã nunca ficou angustiado por causa de uma necessidade premente? Na verdade, todos nós temos muitos tipos de carências que precisam ser atendidas, a fim de que possamos viver de maneira equilibrada.

O apóstolo Paulo era sabedor dessas coisas. Mas, além disso, ele tinha certeza de que o Senhor é o provedor de qualquer uma de nossas necessidades. Por isso foi capaz de fazer a afirmação acima. Mas, para aproveitarmos melhor toda a riqueza de ensinamentos desse versículo, vamos estudá-lo por partes.

1. "O MEU DEUS..."

Com essas palavras ("O meu Deus...") o apóstolo exprime um relacionamento íntimo, pessoal e familiar com o Senhor. Ele não está falando do Deus de seu pai, de sua avó ou de sua mãe. Ele declara, com convicção, que é o "seu Deus" quem suprirá todas as suas necessidades.

Capítulo 9

Tal fato nos ensina que o relacionamento com Deus, acima de qualquer coisa, precisa ter um caráter pessoal. Isso pode parecer elementar, mas o fato é que existem pessoas que, quando precisam de alguma coisa, falam com todo o mundo, mas se esquecem de ir direto a Deus. Não siga esse exemplo. Tenha um relacionamento pessoal com Deus.

"O meu Deus", de Paulo, é o Deus de todos nós. É o seu e o meu Deus. Você tem comunhão e intimidade com Ele? Paulo o conhecia: "Por cuja causa padeço também isto, mas não me emvergonho; porque eu sei em quem tenho crido, e estou certo de que é poderoso para guardar o meu depósito até aquele dia" (2Timóteo 1:12).

Há outra expressão do apóstolo acerca do seu relacionamento no mundo espiritual que, a princípio, pode parecer um tanto abusada: "Sede meus imitadores, como também eu de Cristo" (1Coríntios 11:1). Ele não fala para a igreja de Corinto: "Sede imitadores de Cristo, como eu o sou também." Veja que homem tremendo. Ele se coloca em primeiro lugar: "Sede meus imitadores, como também eu de Cristo."

Com isso, ele estava afirmando o seguinte: "Igreja de Corinto, eu tenho um relacionamento profundo com Deus, tenho minha vida no seu altar, tenho comunhão com ele. Se vocês viverem o mesmo estilo de vida que eu vivo, estejam certos de que o estarão agradando." Ele tinha absoluta confiança nessa relação com Deus. Tanto que chegou a dizer: "Imitem-me!"

Paulo tinha uma comunhão tão íntima com Deus que o Senhor "pelas mãos de Paulo, fazia maravilhas extraordinárias" (Atos 19:11). O relacionamento entre Deus e Paulo era tão estreito, que o Senhor, por intermédio de seu servo, fazia maravilhas espantosas. "De sorte que até os lenços e aventais se levavam do seu corpo aos enfermos, e as enfermidades fugiam deles, e os espíritos malignos saíam", conforme Atos 19:12.

O apóstolo não precisava estar presente, bastava alguém levar alguma coisa que tivesse tocado o corpo de Paulo para os milagres acontecerem, tamanha era sua intimidade com Deus.

Nessa cidade, porém, havia alguns exorcistas judeus — os sete filhos de Ceva, principal sacerdote — que, descuidadamente, disseram: "Que coisa bonita, vamos imitá-lo, expulsemos os demônios como esse Paulo expulsa." No entanto, sofreram derrota e decepção. Veja o que o espírito maligno disse: "Conheço a Jesus, e bem sei quem é Paulo; mas vós, quem sois?" (Atos 19:15).

Até os demônios conheciam a vida de Paulo e o seu relacionamento com Deus. Está pensando que o diabo não sabe o tipo de relacionamento que você tem com Deus? Ele sabe se você é relapso na vida cristã, ou se leva as coisas a sério.

Se você ficar em casa assistindo a um jogo de futebol transmitido pela televisão em vez de ir para a igreja, Satanás verá isso e dirá: "Aquele ali, é mole mantê-lo sob meu controle, se tiver um campeonato ele não vai prestar culto a Deus."

Ele conhece todas essas coisas. E mais, ele sabe se você dá prioridade ao reino de Deus. Não adianta dizer: "Eu te amo, Senhor, tu és o meu Deus, te adoro, tu és o primeiro em minha vida." Não se iluda. Mostre com seu viver e suas atitudes espirituais que sua vida cristã é autêntica.

Quando aqueles rapazes pensaram que iam expulsar o espírito maligno, a exemplo de Paulo, o demônio lhes disse: "Jesus nós conhecemos, sabemos que ele é o Filho de Deus e Senhor; também conhecemos a vida de Paulo e sua intimidade com Deus, por isso ele tem autoridade sobre nós; mas vocês, quem são?"

Em seguida, o demônio, usando o homem a quem possuía, lançou-se sobre eles e os espancou, machucando-os e arrancando-lhes a roupa, fazendo-os fugir. Até os demônios conhecem o tipo de relacionamento que temos com o Senhor. Se você realmente deseja ser vitorioso, mantenha um relacionamento profundo com Deus.

Capítulo 9

2. "... SEGUNDO AS SUAS RIQUEZAS..."

Por causa de sua íntima comunhão com o Senhor, Paulo tinha plena consciência das insondáveis riquezas divinas. E hoje podemos vislumbrar essa realidade quando observamos o significado dos diversos nomes de Deus apresentados nas Escrituras.

Um dos seus nomes no hebraico é "Jeová-Jireh", que quer dizer "O Senhor que provê". O termo "Senhor" significa alguém superior, absoluto, que manda, que tem poder e que está acima de todas as coisas. Sabe o que o nome "Jeová-Jiré" está declarando? Que o Senhor pode suprir e prover. Ele é um Deus rico, e tem como prover qualquer coisa de que precisamos.

Outro grande nome de Deus é "Jeová-Rafá", que significa "O Senhor que cura". Aquele que tem poder para curar todo tipo de enfermidade: moral, espiritual ou física. O Senhor é dominador, absoluto e está acima de qualquer enfermidade.

Outro nome magnífico de Deus é "Jeová-Nissi", ou seja, "O Senhor é nossa Bandeira". Ele é aquele que vai, como um estandarte, à nossa frente. Por isso não existem demônios, poder humano ou qualquer outro inimigo que, sem a permissão de Deus, possa nos derrotar.

Podemos falar ainda do nome "El-Shadday" que significa "O Deus Todo-poderoso". Deus é suficiente para, com o seu poder, nos socorrer em qualquer situação. Seu poder foi expresso da seguinte forma por Davi: "Tua é, Senhor, a magnificênia, e o poder, e a honra, e a vitória, e a majestade; porque teu é tudo quanto há nos céus e na terra; teu é, Senhor, o reino, e tu te exaltaste sobre todos como chefe. E, riquezas e glória vêm de diante de ti, e tu dominas sobre tudo, e na tua mão há força e poder, e na tua mão está o engrandecer e dar força a tudo" (1Crônicas 29:11,12).

Existem ainda muitos outros nomes de Deus que não mencionaremos aqui. Os que já abordamos são uma pequena amostra de como o Senhor é maravilhoso. Ele é um Deus tremendo, cheio de glória, majestade, magnificência, poder e vitória.

Um Deus que só podemos conhecer um pouquinho mediante a revelação sobre ele em todas as Escrituras Sagradas. Foi por isso que Paulo escreveu aos romanos: "Porquanto o que de Deus se pode conhecer neles se manifesta, porque Deus lho manifestou" (Romanos 1:19).

Existem coisas acerca de Deus que não se pode conhecer, pois a mente humana não as compreenderia. Por essa razão, elas não são reveladas a nós, e graças ao Senhor por isso. Se entendêssemos tudo sobre Deus, ele estaria limitado à nossa inteligência e capacidade. Como não sabemos muito a seu respeito, ele se torna infinitamente superior a nós.

3. "... SUPRIRÁ TODAS AS VOSSAS NECESSIDADES EM GLÓRIA"

O suprimento das necessidades, principalmente nos dias difíceis que estamos atravessando, já seria uma grande bênção. No entanto, o apóstolo afirma que o Senhor faz mais do que isso. Ele supre todas a necessidades em glória!

Isso significa que a provisão de Deus não é alguma coisa insignificante, de pouca monta ou apertada. Antes, é em profusão, de acordo com a sua misericórdia para com as nossas necessidades.

Já viu quando um time está jogando contra o outro, numa partida apertada, e um deles faz um gol aos quarenta e cinco minutos do segundo tempo? O placar revela um a zero. Vitória difícil.

Quase houve empate, mas, nos instantes finais, um dos times suou mais a camisa e acabou vencendo. Com Deus não é assim; com ele é "em glória" vitória abundante. Nada de um a zero e nem de apertos.

Paulo sempre passou por muitas adversidades. Houve uma, entretanto, que se sobrepôs às demais: "E, para que me não exaltasse pelas excelências das revelações, foi-me dado um espinho na carne, a saber, um mensageiro de Satanás para me esbofetear, a fim de me não exaltar. Acerca do qual três vezes orei ao Senhor para que se desviasse de mim" (2Coríntios 12:7,8).

Capítulo 9

Como vimos em outro capítulo, para um judeu clamar três vezes pela mesma coisa significava que ele não estava suportando mais. Quando Paulo usou a expressão "um mensageiro de Satanás", provavelmente estava se referindo a provações espirituais e físicas. Espirituais porque se tratava de um mensageiro de Satanás, e físicas porque o esbofeteava.

Já em Filipos, veja o que sucedeu: "E aconteceu que, indo nós à oração, nos saiu ao encontro uma jovem, que tinha espírito de adivinhação, a qual, adivinhando, dava grande lucro aos seus senhores" (Atos 16:16). Essa moça, que tinha um espírito de adivinhação, começou a seguir Paulo e seu companheiro Silas, dizendo: "Estes homens, que nos anunciam o caminho da salvação, são servos do Deus Altíssimo" (Atos 16:17).

Isso aconteceu por vários dias. Paulo começou a se perturbar, até que chegou uma hora em que não aguentou mais aquela situação espiritual e repreendeu o demônio que operava naquela jovem, dizendo: "Em nome de Jesus Cristo, te mando que saias dela."

Sobre as tribulações suportadas pelo apóstolo Paulo, vejamos o que ele diz em Atos 20:22,23: "E agora, eis que, ligado eu pelo espírito, vou para Jerusalém, não sabendo o que lá me há de acontecer, senão o que o Espírito Santo de cidade em cidade me revela, dizendo que me esperam prisões e tribulações."

No entanto, qual foi a reação de Paulo? "Em tudo somos atribulados, mas não angustiados; perplexos, mas não desanimados; perseguidos... mas não destruídos" (2Coríntios 4:8,9). Ele declara, em 2Coríntios 1:3,4: "Bendito seja o Deus e Pai do nosso Senhor Jesus Cristo, o Pai das misericórdias e o Deus de toda a consolação: que nos consola em toda a nossa tribulação, para que também possamos consolar os que estiverem em alguma tribulação, com a consolação com que nós mesmos somos consolados por Deus."

Por isso afirmo que, quando Deus nos dá vitória, não é alguma coisa apertada. Talvez você diga: "Meu Deus! Quase não consegui!

Passou perto!" Essa é a sua impressão, pois quando o Senhor nos dá uma vitória, ela é grande e gloriosa, e serve para ajudar a outros.

O Deus que nos consola o faz de tal maneira que podemos consolar os que estão em alguma tribulação. Isso significa que ele não opera em nossa vida de maneira limitada ou medíocre, mas de forma tão abrangente, que somos capazes de ajudar a outras pessoas.

Paulo volta a falar sobre suas tribulações e adversidades em 2Coríntios 7:5: "Porque, mesmo quando chegamos à Macedônia, a nossa carne não teve repouso algum; antes em tudo fomos atribulados: por fora combates, temores por dentro." Isso nos mostra a dimensão do conflito.

No seu interior, no seu íntimo, havia medo e insegurança. Por fora, tinha de enfrentar combates. Ele estava numa situação difícil, por isso disse:"A nossa carne não teve repouso algum, antes, em tudo fomos atribulados."

A angústia estava chegando, e ele sentia que não tinha mais forças. Nessa hora de grande crise, disse:"Mas Deus, que consola os abatidos, nos consolou com a vinda de Tito" (2Coríntios 7:6).

Deus sempre nos dá um escape; você não ficará nesse estado o tempo inteiro. O Deus que consola os abatidos providenciará a saída. Quem sabe ele não usará alguém para bater à sua porta e trazer a solução necessária?

"Deus, que consola os abatidos, me enviou Tito." Ele enviou alguém para consolar Paulo com as seguintes palavras: "Os cristãos estão alegres, você foi uma bênção, sua vida é importante."

Ele suprirá todas as suas necessidades "em glória". Coloque isso em seu coração. A vitória será algo grande e retumbante.

4. "... POR CRISTO JESUS"

Quem é esse Jesus? É o Filho de Deus que nos fortalece para que possamos todas as coisas. Ele veio a esta terra e aqui venceu o pecado,

Capítulo 9

o diabo e o mundo. Foi levado ao madeiro, crucificado, derramou o seu sangue e foi sepultado.

Mas, ao terceiro dia, ressuscitou com glória e poder. Agora, Ele está sentado à destra do Pai, e intercede por nós. Nesta hora, Jesus está intercedendo por você. Ele é o tema central da nossa vitória e não há nada que não passe por ele.

Nesta vida, muitas pessoas têm caído e perdido o rumo exatamente porque pensam que Deus as tem abençoado pelo fato de serem boas, santas, inteligentes; por haverem estudado muito etc. Saiba de uma coisa: toda vitória da nossa vida é "em Cristo". Olhe para o Calvário, onde ele derramou seu sangue para nos dar a vitória. A ele seja a glória e o louvor.

Certa vez, eu estava expulsando uma casta de demônios violenta. Levei mais de sete horas para obter a vitória. Em determinado momento, quando estava esgotado e sem forças, sentei-me numa cadeira. A pessoa endemoninhada, sentada no chão, era um homem forte, e eu magro. Naquele momento, falei: "Jesus, eu não aguento mais."

Nunca vou me esquecer da cena. O demônio deu uma gargalhada e disse: "Ô, Malafaia, você ainda não tinha encontrado um desses, heim? Está cansado?" Isso aconteceu em um domingo, algumas horas antes do culto. E Satanás me disse: "Vá embora, senão você irá perder o culto."

Eu estava ali desde as onze da manhã e já eram seis e meia da noite. Ele continuou: "Você está acostumado a pegar uns fracotes por aí que com dois gritos vão embora, mas eu... pode falar em sangue de Jesus, e em quem você quiser, mas não vou sair."

Naquele instante, falei: "Jesus, tenha misericórdia, não aguento mais, não tenho mais nada aqui. Estou zerado, arrasado, fisicamente quebrado e moído." Quando o demônio que comandava aquela casta viu o meu estado, ficou de pé igual a um bicho que vai dar o bote. Ele percebeu meu cansaço, e gritando, disse: "Vou te matar hoje aqui."

Então, eu disse comigo: "Se esse homem sem demônio poderia fazer isso, imagina com uma casta sobre ele." Depois disso, só me lembro de uma palavra que disse quando o endemoninhado partiu para cima de mim, como um animal que vai abocanhar a presa. Com autoridade, eu falei: "Se você passar por cima de quem está comigo, você me mata." Já viu bola de gás de aniversário quando perde o ar? Quando se desamarra o barbante e ela vai se esvaziando? No instante em que eu disse isso, aconteceu exatamente assim. Então, o demônio falou, abaixando a mão: "Eu não posso fazer nada contra você, porque quem está com você me derrotou no Calvário."

Quando aquela casta de demônios fez essa declaração, o Espírito Santo, nosso Amigo e Consolador, entrou no meu ser e me disse: "Se ele não pode, você pode, porque estou ao seu lado."

De imediato, levantei-me da cadeira com uma força tal que parecia que eu havia subido ou que o céu descera, não sei o que houve. O Espírito Santo me revestiu de tal autoridade que eu vi aquele demônio tão pequeno que parecia papel na minha frente.

Então, falei: "Você não pode me atingir porque o Senhor Jesus está comigo, e estou aqui debaixo da autoridade do Seu nome." E, em alta voz, ordenei: "Sai dele!" Imediatamente, aquela casta de demônios foi embora. O rapaz ficou meio atordoado; chamei-o pelo nome, e Jesus o renovou com o Espírito Santo naquela hora. Nossa vitória é "em Cristo Jesus".

Paulo revela em Filipenses 4:6 um dos segredos de sua vitória: "Não estejais inquietos por coisa alguma; antes as vossas petições sejam em tudo conhecidas diante de Deus pela oração e súplicas, com ação de graças."

E ainda há pessoas que, quando têm necessidade, ficam murmurando: "Ah, Deus, como é que vamos resolver isso? Vamos tentar falar com fulano para ver se conseguimos isso ou aquilo."

Para quem está nessa situação, é bom que siga a recomendação de Pedro: "Lançando sobre ele toda vossa ansiedade, porque ele tem

Capítulo 9

cuidado de vós" (1Pedro 5:7). Sua vitória está "em Cristo". Deixe ele cuidar disso e não fique se consumindo com o problema, com o coração a explodir, perdendo o sono, não! Sua vitória já foi consumada e garantida "em Cristo".

Não pense que o sacrifício de Jesus foi uma "coisinha à toa", ou apenas uma demonstração de heroísmo. Saiba que, no Calvário, ele assinou a nossa vitória. Você e eu deveríamos estar lá, pendurados, porque somos malditos e miseráveis pecadores.

No entanto, quando peco, transgrido contra Deus, e faço coisas que ele abomina, mas quando ele olha para mim, vê o sangue do Cordeiro derramado em meu favor me garantindo a vitória. É por isso que estamos aqui e vamos chegar ao céu. É "em Cristo".

Finalizando, pergunto: "Para quem Paulo está falando? E por que está falando sobre isso?" Deixe-me dizer uma coisa sobre hermenêutica bíblica. Hermenêutica é a ciência da interpretação, e ela diz: "Texto sem contexto é pretexto para heresia."

O que quero dizer com isso é que não adianta eu isolar um versículo de um texto, ou de um todo, apenas para satisfazer meu interesse, ou atender à minha necessidade. Todos nós glorificamos a Jesus quando lemos: "O meu Deus, segundo as suas riquezas, suprirá todas as vossas necessidades em glória..." Mas, qual é o contexto e para quem Paulo está falando e por quê? Vejamos.

Ele está falando para os cristãos de Filipos, na Macedônia, em agradecimento pelas ofertas dos filipenses. Agora, veja o tema que motivou tudo isso: "Todavia, fizestes bem em tomar parte na minha aflição. E bem sabeis também vós, ó filipenses, que, no princípio do evangelho, quando parti da Macedônia, nenhuma igreja comunicou comigo com respeito a dar e a receber, senão vós somente" (Filipenses 4:14,15).

E continuou: "Mas bastante tenho recebido, e tenho abundância; cheio estou, depois que recebi de Epafrodito o que da vossa parte

Provisão para todas as necessidades

me foi enviado, como cheiro de suavidade e sacrifício agradável e aprazível a Deus" (Filipenses 4:18). Esses versículos fazem parte do contexto antecedente.

Creio que, agora, vocé já pode entender para quem Paulo estava dizendo: "O meu Deus, segundo as suas riquezas, suprirá todas as nossas necessidades em glória, por Cristo Jesus." O apóstolo escreveu isso para quem tinha a mão aberta, para quem dava com liberalidade, para quem contribuía com a obra de Deus e para quem pagava o dízimo. Para esses é que foram escritas tais verdades espirituais.

Se você deseja ser abençoado por essa palavra, aprenda a ser fiel e a dar. Em Lucas 6:38, está escrito: "Dai, e ser-vos-á dado; boa medida, recalcada, sacudida e transbordando, vos deitarão no vosso regaço; porque com a mesma medida com que medirdes também vos medirão de novo." Portanto, abra a mão para dar, e receberá também!

Estava analisando essa passagem e pensei: "Espere um pouco, por que Paulo está falando dessa forma?" O Espírito Santo falou ao meu coração: "Leia o contexto."

Procurei saber por que e para quem ele falava. Ao ler as passagens anteriores, descobri que Paulo se dirigia aos filipenses que colaboraram com a obra missionária, na ocasião em que fora enviado a pregar o evangelho.

Eles não foram mesquinhos. Contribuíram de mãos abertas, pois Paulo disse: "Estou cheio, tenho em abundância." Assim, se desejamos ser abençoados, devemos seguir o exemplo deles.

O MOTIVO DA RENOVAÇÃO DE PACTOS

Quando leio o Antigo Testamento, vejo Deus sempre renovando pactos. Creio que uma das razões disso é porque o homem tem muita facilidade para se esquecer das coisas.

Capítulo 9

O Senhor, sabedor de que o homem tem essa deficiência, estava sempre renovando os pactos. Seu desejo era que a sua criatura nunca viesse a esquecê-lo, mas que ficasse sempre em sua dependência, consciente de que ele, em todas as coisas, é soberano e cheio de misericórdia.

Por isso, antes de mais nada, renove seu pacto de fidelidade para com Deus. Se você é fiel, ótimo. Porém, se sabe que tem falhado, não deixe de renová-lo hoje mesmo! Não importa sua igreja, a denominação a que pertence; se você quer ser abençoado, faça um pacto de fidelidade com Deus, prometendo ser fiel em seu dízimo e em suas ofertas.

Lembre-se de que dízimo é primícia, por isso deve ocupar o primeiro lugar entre as suas prioridades. É também um ato de fé, que não deve levar em conta as circunstâncias aparentemente contraditórias. Creia que o Senhor pode suprir todas as suas necessidades.

Faça esse pacto diante de Deus e do Espírito Santo, agora. Se você já for fiel, renove o seu pacto e continue com a mão aberta, contribuindo com amor e alegria.

Agora que você fez um novo pacto com Deus, saiba que a única possibilidade de ele ser quebrado é por sua culpa, porque Deus é eternamente fiel! Ele é a provisão para todas as necessidades!

Capítulo 10

Lidando com os conflitos

"Porque, mesmo quando chegamos da Macedônia, a nossa carne não teve repouso algum; antes, em tudo fomos atribulados: por fora combates, temores por dentro" (2Coríntios 7:5).

Dentre todos os fatores determinantes de sofrimento emocional do ser humano — perdas, rejeições, complexos etc. —, os conflitos são os mais importantes, exatamente por suas características de crise e antagonismo vivenciadas na consciência das pessoas. Eles podem acontecer em diferentes níveis, de diferentes formas e intensidades.

A expressão do apóstolo Paulo ("Por fora combates, temores por dentro.") revela-nos um pouco da complexidade da situação de conflito. Em muitos casos, pessoas em conflito podem ser levadas a exteriorizar comportamentos bem diferentes de seus sentimentos interiores.

Por causa da importância dos conflitos, e em razão do fato de que todos nós os vivenciamos, vamos falar deles neste capítulo, e também — e principalmente — sobre algumas formas de vencê-los. Antes, porém, precisamos conhecer algumas de suas origens. Há pelo menos três:

Capítulo 10

1. OPOSIÇÃO ENTRE O QUERER E O FAZER

Essa, talvez, seja a mais comum de todas as origens de conflitos. Essa oposição é própria da natureza humana e normalmente é representada pelo dualismo entre o bem e o mal. É entendida, em toda a sua extensão, pelas palavras de Paulo em Romanos 7:14-23. O versículo 19 diz explicitamente: "O bem que eu quero fazer, não faço, mas o mal que não quero, esse faço." O drama do apóstolo era o mesmo que enfrentamos em nossa vida. Quantas vezes queremos, sinceramente, fazer a coisa certa, mas é exatamente o oposto — a coisa errada — que acabamos fazendo?

Paulo deu uma explicação bem convincente para essa tendência. Ele disse: "Descobri uma lei que está nos meus membros. Essa é a lei de nossa natureza humana, que guerreia contra a lei do nosso entendimento." Não é exatamente assim que a coisa acontece? Você, muitas vezes, deseja emocionalmente alguma coisa. Mas o seu entendimento diz: "Não!" Fica, então, estabelecido o conflito entre aquilo que você tem vontade de fazer e o que o seu intelecto determina. Em suma, caímos na velha dicotomia entre razão e emoção.

Essa é uma realidade universal. Não existe ser humano, por mais cristão e espiritual que seja, que não passe por esse tipo de conflito. Essa disputa interna é essencialmente humana.

2. OPOSIÇÃO ENTRE TENDÊNCIA HUMANA E TENDÊNCIA ESPIRITUAL

A segunda origem consiste no antagonismo entre a tendência de se fazer aquilo que é humano, carnal e material — identificado, muitas vezes, com o pecado —, e aquilo que é inteiramente de natureza espiritual. Essa característica é representada de maneira muito clara na carta de Paulo aos Gálatas, 5:17: "Porque a carne cobiça contra o Espírito, e o Espírito contra a carne; e estes opõem-se um ao outro, para que não façais o que quereis."

Paulo identifica nesse texto o conflito entre a vontade humana, de um lado, e a inclinação espiritual, de outro. Em outras palavras, nós, que conhecemos a verdade, temos consciência do que é verdadeiro, puro e reto diante do Senhor — e desejamos praticá-lo para agradar ao Senhor. No entanto, nossa carne nos impele exatamente na direção oposta, para aquilo que é pecaminoso, errado e contrário à vontade de Deus.

O conflito se estabelece a partir do desejo de se atender a essas duas tendências. É, realmente, uma verdadeira batalha entre a carne e o espírito.

3. CONFLITO DE ORIGEM ESPIRITUAL

É preciso estabelecer a diferença entre batalha espiritual, aquela que travamos constantemente entre nossa vontade de agradar a Deus e nossas tendências humanas ao mal, de outro tipo de conflito, o de origem essencialmente espiritual. Existe certa confusão a respeito disso.

Vejamos, como exemplo, o texto de Lucas 22:3: "Entrou, porém, Satanás em Judas, que tinha por sobrenome Iscariotes, o qual era do número dos doze." Em um momento seguinte, já consumada a prisão de Jesus, vemos o discípulo traidor em intenso conflito consigo mesmo — e não era um conflito de origem humana, mas espiritual, já que, conforme o texto, o diabo havia entrado nele. "Pequei, traindo sangue inocente" (Mateus 27:4).

Ele chegou a tentar devolver aos sacerdotes as trinta moedas de prata que havia recebido para lhes entregar a Jesus, mas a proposta foi recusada. E qual foi o resultado? Judas cometeu o suicídio. Quando Satanás toma conta do coração humano, ele acaba por destruí-lo. É por isso que há tantos suicídios. Muitas vezes, o conflito espiritual assume uma forma completamente maligna.

Capítulo 10

A DENSIDADE DOS CONFLITOS

Assim como os vários tipos de líquidos, os conflitos também possuem diversos níveis de densidade. Quanto mais denso é um conflito, mais complicado ele se apresenta. Didaticamente, podemos agrupá-los em três tipos, de acordo com a sua densidade:

Conflito leve

O primeiro tipo de conflito é o leve, aquele que acontece cotidianamente e praticamente não traz nenhuma consequência. É o caso de ter de optar por aceitar um convite para almoçar fora ou preferir ficar em casa; ou decidir se vai ao cinema assistir a uma comédia ou a um drama.

Algumas vezes, esses conflitos leves podem envolver outras pessoas — por exemplo, quando você é chamado para duas festas no mesmo sábado e precisa escolher qual convite vai aceitar —, mas geralmente terminam rápido e já no dia seguinte nem nos lembramos mais deles. O pior é que muita gente dá uma atenção desmedida aos conflitos leves, fazendo o que popularmente se chama de "tempestade em copo d'água".

Conflito moderado

Esse tipo de conflito envolve decisões mais sérias, como escolhas no nível profissional ou que afetam relacionamentos interpessoais, como uma desavença, por exemplo. A pessoa que está sob esse tipo de conflito pode apresentar-se ansiosa ou insegura. O conflito moderado está em um nível de densidade maior do que o leve, e se por um lado não chega a ser dramático, por outro acaba causando incômodos, caso não se saiba lidar adequadamente com ele. É preciso ter equilíbrio, pois um conflito dessa magnitude não deve mobilizar tanto as nossas emoções.

GRANDE CONFLITO

O grande conflito é aquele com que todos nós vamos nos deparar, ao menos uma vez na vida. É uma situação grave, dramática, capaz de destruir nossa felicidade, promover a dissolução de uma família ou até levar à morte.

Uma pessoa que se descobre portadora de uma enfermidade incurável, ou que precisa submeter-se a uma cirurgia de alto risco, certamente enfrentará um grande conflito.

Da mesma forma, o pai de família que já entrou na casa dos 40 e de repente perde o emprego, sabendo que será muito difícil conquistar outro posto de trabalho nas mesmas condições. O casal em crise e à beira da separação também está experimentando um grande conflito.

Conflitos dessa natureza precisam ser encarados com o máximo de serenidade possível, a fim de não levar tudo de roldão. Isso nem sempre é fácil; porém, com a ajuda do Senhor, é possível lançar mão de quatro maneiras de lidar com os conflitos:

1. EVITÁ-LOS

A primeira regra consiste em simplesmente evitar os conflitos. Não se trata de fugir indefinidamente deles, o que seria impossível, mas agir de maneira calculada e estratégica, por algum tempo, até que chegue a hora certa para agir.

Quando Israel saiu do Egito, Deus não conduziu seu povo à Terra Prometida pelo caminho mais curto. Isso porque havia povos inimigos no meio do caminho, como os filisteus, e os hebreus, recém-saídos de quatrocentos anos de servidão, não tinham qualquer capacidade militar. Então o Senhor evitou que houvesse um confronto que, no mínimo, enfraqueceria Israel e certamente desanimaria o povo a prosseguir na jornada. O que Deus estava fazendo? Evitando o conflito. E por que ele fez isso? Porque ainda não era hora de enfrentá-lo. Precisamos aprender essa lição com Deus.

Capítulo 10

Se você se sente despreparado para enfrentar determinada situação, evite o conflito, seja de que nível for.

2. Fugir deles

A segunda regra para se lidar com o conflito é fugir dele. Nesse caso, não é apenas evitá-lo estrategicamente, por um período de tempo, como na situação anterior. É fugir mesmo, por reconhecer a nossa vulnerabilidade diante de uma situação potencialmente perigosa. Em outras palavras, é fazer o que a Bíblia ensina em 1Tessalonicenses 5:22: "Abstende-vos de toda aparência do mal." E em 1Coríntios 6:18, o texto é mais explícito ainda — "Fugi da prostituição." O próprio Jesus nos fala em Mateus 20:41: "Vigiai e orai, para que não entreis em tentação; na verdade, o espírito está pronto, mas a carne é fraca."

A Bíblia só nos manda fugir de algo que é maior do que nós. Se a carne é fraca, por que enfrentá-la temerariamente? Quando a mulher de Potifar tentou seduzir José, ele não tentou contornar a situação, ou argumentar com ela, e também não se permitiu apenas um flerte — ele saiu correndo, tão rápido quanto pôde. "Aquele pois que cuida estar em pé, olhe que não caia", é o conselho de Paulo em 1Coríntios 10:12. Não se considere forte para resistir a tudo; em alguns casos, fugir do conflito é a melhor maneira de obter a vitória.

3. Adiar o conflito

A terceira regra para se lidar com o conflito é adiá-lo. Não se pode postergar indefinidamente a solução de um problema, mas em determinados casos um adiamento temporário não só é mais seguro, como fundamental para que, mais tarde, o triunfo seja alcançado.

Veja o caso de Esaú e Jacó. Devido às trapaças de Jacó antes de se encontrar com Deus, seu irmão Esaú passou a odiá-lo. Eles se separaram e, tempos depois, conforme o relato de Gênesis 31, Deus disse a Jacó — àquela altura, já chamado pelo Senhor de Israel — que deveria retornar à sua terra de origem e à sua parentela. Ele entrou em conflito. Sabia que, se reencontrasse Esaú, seria morto. No entanto, o Senhor disse: "Serei contigo."

Assim, Israel reuniu tudo que era seu — suas mulheres, filhos, servos, bens e animais — e pôs-se em marcha. Já ao meio do caminho, ficou sabendo que Esaú também vinha ao seu encontro, acompanhado por quatrocentos homens, todos armados e experimentados na luta. Assustado, resolveu então montar uma estratégia para adiar o encontro com o irmão e, quem sabe, aplacar sua ira. Israel ficou para trás e enviou na frente uma comitiva com servos e presentes para Esaú. Também separou sua família em dois grupos, incluindo os filhos, e foi mandando-os na frente, com orientação para, ao encontrarem Esaú, prostrarem-se com reverência.

Com isso, Jacó-Israel adiou o conflito e planejou o melhor momento para se encontrar com o irmão. E sabemos o resultado — a atitude calou fundo no coração de Esaú, aplacando-lhe o desejo de vingança do coração. Quando finalmente os dois se encontraram, não houve luta, e sim, abraços, lágrimas e palavras de reconciliação. Tão comovido ficou Esaú que mandou que devolvessem a Israel todos os presentes enviados. Portanto, não tenha pressa para enfrentar o conflito.

4. CONFRONTAR

E, finalmente, a quarta regra para se lidar com o conflito é confrontá-lo. Durante um tempo, você o evitou, fugiu dele e o adiou, mas chega o momento em que o conflito é inevitável, o confronto é necessário. Entretanto, existem quatro maneiras para se fazer isso de forma coerente e planejada, e não de maneira intempestiva. Vejamos:

Capítulo 10

A. BATALHAR PARA VENCER

A primeira delas é batalhar para vencer. Se Satanás levanta uma guerra contra você, vá para cima dele; não fuja, não evite e nem adie o confronto com o inimigo. Tiago 4:7 diz: "Sujeitai-vos pois a Deus, resisti ao diabo, e ele fugirá de vós." Já o apóstolo João diz: "Filhinhos, sois de Deus, e já tendes vencido; porque maior é o que está em vós do que o que está no mundo" (1Jo 4:4). E o apóstolo Paulo descreve a natureza da luta espiritual em Efésios 6:12: "Porque não temos de lutar contra a carne e o sangue, mas sim contra os principados, contra as potestades, contra os príncipes das trevas deste século, contra as hostes espirituais da maldade, nos lugares celestiais."

Nossa vida é uma guerra constante em tudo o que se relaciona com o diabo, mas o Senhor Jesus, no Calvário, já nos garantiu a vitória. Mesmo para aqueles que acham ser quase impossível vencer em determinados momentos, por causa da carne, a Bíblia afirma, em Gálatas 5:16, que se andarmos no Espírito, não satisfaremos a concupiscência da carne.

O que significa essa expressão "andar no Espírito"? Significa fazer a vontade de Deus, amar sua Palavra, viver em oração, estar em sua casa e ter Jesus como Senhor. Somente assim é possível derrotar a carne. A única maneira de se vencer essa tendência humana, terrível e miserável é andar no Espírito.

B. CEDER PARA VENCER

A segunda maneira para se ir ao confronto é ceder. Nem sempre é preciso derrubar ou arrebentar o adversário; existem momentos nos quais a melhor estratégia é ceder. Mas ceder o quê? Em Gênesis 12:1, Deus fez aquela promessa a Abrão: "Sai-te da tua terra, e da tua parentela, e da casa de teu pai, para a terra que te mostrarei." Então saíram Abrão e Ló, seu sobrinho, levando tudo o que possuíam.

No meio do caminho, houve uma intriga entre os pastores de Ló e os de Abrão. Quem tinha a prioridade? Abrão, pois era o patriarca. No entanto, ele abriu mão desse direito e disse: "Ora, não haja contenda entre mim e ti e entre os meus pastores e os teus pastores, porque irmãos somos" (Gênesis 13:8). Essa palavra tem que soar em muitas de nossas igrejas hoje, não é verdade? Devemos evitar as contendas, pois somos todos irmãos.

Além de adotar uma postura conciliadora, Abrão deu a Ló o direito de escolher para onde queria ir. Ele não lhe faria nenhuma concorrência: "Se você for para a direita, irei para a esquerda; e, caso vá para a esquerda, eu irei para a direita." Ló olhou, e viu as campinas do Jordão, que desde aquela época eram a região mais fértil de Israel. Lá são cultivados frutas, verduras e legumes em fartura. Do outro lado, contudo, só se via desertos e montes de pedra. Então Ló, mais que depressa, escolheu para si as campinas.

Abrão cedeu ao desejo do sobrinho. E foi vitorioso, porque ceder não significa, absolutamente, ser derrotado. Infelizmente, porém, a nossa vaidade, o nosso ego e o nosso orgulho impedem-nos de ceder e, por isso, perdemos. Em determinados momentos, ceder torna a vitória infinitamente maior do que "bater pé" numa posição de conflito.

C. DEIXAR DEUS AGIR

A terceira forma de se confrontar é permitindo que Deus aja. O apóstolo Paulo, em sua carta aos cristãos de Roma, diz: "Não vos vingueis a vós mesmos, amados, mas dai lugar à ira, porque está escrito: Minha é a vingança; eu recompensarei, diz o Senhor" (Romanos 12:19).

Quando ele age em nosso lugar, evitamos confiar em nossa própria inteligência, capacidade ou força; deixamos de tomar atitudes precipitadas e temos a oportunidade de ficar como Josafá, assistindo à vitória que o Senhor dá ao seu povo.

Capítulo 10

Aquela batalha histórica está narrada em 2Crônicas 20. Josafá estava cercado por inimigos, amonitas e moabitas, dispostos a riscar Judá do mapa. Eram adversários poderosos, contra a força suas tropas não teriam como resistir. O rei de Israel sabia que o confronto era iminente e que estava em desvantagem, mas não ficou de braços cruzados, lamentando-se. A Bíblia nos diz que ele determinou que o povo fizesse um jejum, e foi buscar a Deus.

Sabe o que o Senhor fez? Levantou um profeta e mandou-o ao rei, com a seguinte mensagem: "Nesta peleja, não tereis de pelejar; parai, estai em pé e vede a salvação do Senhor para convosco, ó Judá e Jerusalém. Não temais, nem vos assusteis; amanhã, saí-lhes ao encontro, porque o Senhor será convosco" (2Crônicas 20:17). Que palavra de ânimo! Não seria preciso arriscar a vida numa luta desigual contra os inimigos; a batalha era do Senhor.

Nunca se viu antes, e nem se verá depois, uma guerra como aquela. Em vez de aparelhar a infantaria para avançar sobre as tropas inimigas, Josafá pôs um coral à frente de seu exército: "E aconselhou-se com o povo, e ordenou cantores para o Senhor, que louvassem a majestade santa, saindo diante dos armados e dizendo: Louvai ao Senhor, porque a sua benignidade dura para sempre. E, ao tempo em que começaram com júbilo e louvor, o Senhor pôs emboscadas contra os filhos de Amom e de Moabe e os das montanhas de Seir, que vieram contra Judá e foram desbaratados" (2Crônicas 20:21,22).

Ao ouvirem os louvores entoados a Deus pelas forças de Judá, os soldados do exército de Moabe e Amom, e seus aliados das montanhas de Seir, entraram em confusão e começaram a lutar uns contra os outros: "Porque os filhos de Amom e de Moabe se levantaram contra os moradores das montanhas de Seir, para os destruir e exterminar; e, acabando eles com os moradores de Seir, ajudaram uns aos outros a destruir-se" (2Crônicas 20:23). A passagem bíblica diz que não ficou em pé um só homem, e havia despojos em tal abundância, que foram necessários três dias para que os homens de Josafá os recolhessem.

Judá conquistou a vitória porque seu rei simplesmente deixou Deus agir. Em muitas ocasiões, não devemos fazer nada além de clamar ao Senhor; e ele vai ao confronto por nós.

D. Caminhar na direção de Deus

A quarta maneira de se confrontar é caminhando na direção certa e sob a orientação de Deus. Samuel recebeu uma ordem direta do Senhor: "Enche o vaso de azeite e vai; enviar-te-ei a Jessé, o belemita, porque dentre os seus filhos me tenho provido de um rei" (1Samuel 16:1).

Aquela atitude certamente implicava riscos. Saul ainda era o rei de Israel; caso soubesse da intenção de Samuel, poderia tomá-lo por traidor e ordenar que fosse morto. Veja a dimensão do conflito em que o homem de Deus poderia se meter. Todavia, o Senhor lhe deu a seguinte orientação a respeito de Saul: "Se ele te perguntar aonde vais, diga-lhe apenas que vai sacrificar ao Senhor", o que, a propósito, era a mais pura verdade.

Seguir corretamente a instrução divina certamente nos levará à vitória. Então, siga as ordens do Senhor para sua vida. Não vá para o confronto sem que Deus o dirija, porque você pode ser derrotado. Samuel seguiu despreocupado para a casa de Jessé, porque estava na direção do Senhor e, se tivesse havido confronto, saberia dar a resposta certa. Em lá chegando, Deus o orientou para que ungisse ao filho mais jovem do belemita, Davi. O resto da história já é bem conhecido.

Olhos abertos para o livramento de Deus

De outra feita, o rei da Síria planejava invadir Israel, causando grande temor a todo o povo. Contudo, Deus mostrou a Eliseu o que estava para acontecer, de modo que o profeta agiu como atalaia, frustrando os projetos do exército inimigo, conforme 2Reis 6:8-23. O rei sírio ficou tão irado que começou a procurar quem seria o traidor que denunciara seus planos de guerra a Israel, mas um de seus conselheiros lhe disse que não houvera traição. E contou-lhe que havia um profeta, chamado Eliseu, a quem o Deus de Israel revelava os planos dos inimigos, frustrando-os.

O rei da Síria, então, mudou de tática. Ao tomar conhecimento de que o profeta se abrigara na cidade de Dotã, enviou uma tropa para capturá-lo à noite. Observe como o inimigo ataca sempre com sagacidade. Os soldados sírios, então, cercaram Dotã; o homem de Deus, contudo, dormia tranquilo. Pela manhã, bem cedinho, Geazi, o servo de Eliseu, abriu a porta e viu inimigos por todos os lados. Apavorado, chamou seu mestre: "Ai, meu Senhor! O que faremos?"

O que aconteceu a seguir é mais uma prova bíblica de como devemos enfrentar nossos conflitos. Ao invés de desesperar-se com a morte iminente, Eliseu demonstrou muita fé na hora da adversidade. E ainda pediu a Deus que mostrasse o livramento também ao seu auxiliar: "Senhor, abra os olhos do moço, para que veja." E, quando Deus abriu os olhos de Geazi, ele viu um enorme exército de cavalos e cavaleiros de fogo cercando os inimigos.

Se pudéssemos ver a proteção de Deus em nossa vida, certamente seríamos mais fiéis ao Senhor. Mas, se Eliseu orou para que Geazi enxergasse, também orou para que os soldados siros ficassem cegos (v. 18). Eles ficaram feridos de cegueira porque assim Eliseu determinou, por meio de sua oração a Deus. O que ele fez, a seguir?

Será que se aproveitou da situação, quando os tomou pela mão e os levou a Samaria? Não, embora, se o desejasse, a oportunidade teria sido excelente. Em vez de responder afirmativamente à pergunta do rei, que desejava saber se deveria mandar matá-los, ele falou: "Não vamos matar ninguém. Deem-lhes pão e água e os devolvam a Síria."

DEUS ESCOLHE AS COISAS LOUCAS
PARA ENVERGONHAR AS SÁBIAS

Entretanto, Ben-Hadade, rei da Síria, não se conformou e voltou a cercar Samaria. Mas Deus disse: "Agora vou acabar com a arrogância desse rei. Vou tomar quatro leprosos, que são tidos como nada, e vou fazer com que o tilintar de suas campainhas soe como o barulho de um exército no arraial dos siros." O Senhor faz assim!

A Bíblia diz: "Mas Deus escolheu as coisas loucas deste mundo para confundir as sábias; e Deus escolheu as coisas fracas deste mundo para confundir as fortes. E Deus escolheu as coisas vis deste mundo, e as desprezíveis, e as que não são para aniquilar as que são" (1Coríntios 1:27,28).

Ele tomou quatro leprosos que nada valiam diante dos homens, eram tidos como párias para a sociedade judaica, e fez com que o tilintar de suas campainhas soasse como o alarido de um grande exército.

Os siros, confundidos, disseram. "O quê? Israel alugou um exército contra nós, vamos embora!" E debandaram, deixando todos os seus pertences para trás. A lição foi tão grande que foi como se Deus estivesse dizendo: "Veja se agora aprende, Ben-Hadade. Você está brincando com quem não deve."

Há conflitos em nossa vida que desafiam nossa capacidade de ação ou discernimento. Muitas vezes, surgem decisões importantes a serem tomadas. O Deus em quem nós cremos, entretanto, está disposto a dar-nos a solução. Ele é o maior interessado em que vivamos uma vida triunfante em sua presença. Com Ele, você pode vencer toda inquietação e obter a paz que excede a todo entendimento. Não fique desesperado e pensando como irá resolver o conflito; Deus sabe tudo a seu respeito e lhe dará vitória.

São inúmeras as vezes que vivemos em conflitos, porque somos humanos. Como Paulo, também sentimos por dentro temores, e por

Capítulo 10

fora, combates. Mas, quando conhecemos o nosso Deus, dobramos nossos joelhos e lhe rogamos que nos aponte a saída, por sua graça e misericórdia; vemos a mão de Deus agir e pelejar por nós, como aconteceu com Josafá. Essa é a vantagem daquele que crê no Deus de Israel!

Capítulo 11

Vencendo a depressão

"Em paz também me deitarei e dormirei, porque só tu, Senhor, me fazes habitar em segurança" (Salmos 4:8).

Já virou lugar-comum dizer que a depressão é o mal do século. Nos dias de hoje, cada vez mais pessoas são afetadas psicologicamente pela agitação da vida, pelas dificuldades financeiras ou familiares. As armas mais poderosas que Satanás tem utilizado nesses últimos tempos contra o homem são de origem psíquica, e atingem em cheio os sentimentos e as emoções das pessoas. Os consultórios de psicólogos, terapeutas e psiquiatras, sempre lotados, atestam essa realidade.

As queixas dos pacientes que procuram esses profissionais são, obviamente, muito variadas. Porém, a depressão é a mais frequente. E não é para menos — segundo os especialistas, o homem tem sofrido mais com o resultado da depressão que com qualquer outra doença que tenha afetado a humanidade. Isso porque o quadro depressivo não afeta apenas a mente do indivíduo. Ele altera o comportamento, incapacita para o trabalho, torna a convivência familiar insuportável e é capaz de somatizar uma série de doenças.

Capítulo 11

Algumas escolas apontam a depressão como um dos fatores que predispõem o indivíduo a doenças degenerativas, como o câncer e o diabetes. Isso sem falar em uma série de outros transtornos de origem alimentar, digestiva e até dermatológica acarretados pela depressão.

A depressão tem sido a causa por que muitos servos do Senhor não alcançam uma vida plena e vitoriosa, mesmo crendo em Deus e nas Escrituras. Mas a boa nova para aqueles que creem no Senhor, contudo, é que há alívio da parte de Deus também para os deprimidos. No entanto, é preciso saber exatamente o que é a depressão, como ela se manifesta e como tratá-la — além, evidentemente, de conhecer a extensão do poder de Deus sobre toda dor ou enfermidade.

A depressão é uma doença marcada por mudanças extremas no comportamento, na energia e no ânimo de uma pessoa. Não é, como muita gente costuma dizer, uma doença de "cabeça", ou uma mera esquisitice ou um capricho. Não — a depressão é mesmo uma doença, e pode tanto ter origem orgânica como surgir por influência do estilo de vida da pessoa. Ela também pode ser desencadeada a partir de episódios traumáticos, como a perda de um ente querido ou uma separação conjugal, por exemplo.

Porém, ela afeta tanto a mente quanto o corpo, e é bem diferente de estar triste. Sentimentos ocasionais de tristeza são normais e podem ter inúmeras causas. Na depressão, contudo, a tristeza, o abatimento e o desânimo não têm proporções razoáveis e nem se relacionam a causas externas.

Pessoas que não sofrem de depressão lidam com seus problemas, tanto os de âmbito interno como os externos, sem ficarem incapacitadas. Todavia, o mesmo não acontece com os depressivos. A doença interfere na capacidade natural de o paciente para trabalhar, dormir, relacionar-se, comer e gostar de atividades antes consideradas prazerosas.

A depressão é uma enfermidade que afeta pessoas de todas as raças, idades, situações econômicas e sexos. No entanto, metade de suas vítimas jamais procura tratamento especializado, o que leva a doença a ser a principal causa de suicídios, segundo estatísticas desenvolvidas nos Estados Unidos. Certamente, por aqui a coisa não é diferente.

Quem está sofrendo de depressão não deve se sentir envergonhado. Depressão não é uma fraqueza de caráter ou um defeito, e muito menos sintoma de falta de fé ou pecado. Ela é uma doença e como doença deve ser tratada — com as armas da medicina e as da fé.

AS CAUSAS DA DEPRESSÃO

Conhecer as causas da depressão ajuda os deprimidos, seus amigos e sua família a entenderem o quanto ela é dolorosa. Em nosso cérebro, existem mensageiros químicos chamados neurotransmissores. Esses mensageiros ajudam a controlar as emoções e a regular o equilíbrio mental do indivíduo. Os dois mensageiros principais são a serotonina e a norepinefrina. Os níveis deles aumentam ou diminuem constantemente, alternando nossas emoções de acordo com as circunstâncias em que vivemos.

Quando os neurotransmissores se encontram, digamos, "em equilíbrio", sentimos a emoção certa para cada ocasião. Em momentos de alegria, ficamos eufóricos; diante de uma situação triste, ficamos acabrunhados. Mas quando alguém está deprimido, os neurotransmissores químicos não estão em equilíbrio. Isso significa que alguém pode se sentir triste quando tem todos os motivos para regozijar-se. E o pior é que esse quadro de apatia e desalento pode se tornar permanente, causando muita infelicidade tanto ao doente como àqueles que lhe são próximos. Ainda não está claro porque isso acorre em algumas pessoas e não em outras, mas parece que a depressão ocorre mais frequentemente em certas famílias. Outros desencadeadores da depressão são:

Capítulo 11

INCIDENTES ESTRESSANTES OU PERDAS

É normal sentir-se triste após uma perda, como a morte de uma pessoa muito querida ou o rompimento de uma relação. Às vezes, essa tristeza pode se transformar em depressão, sobretudo se o indivíduo tem uma tendência a desenvolver esse quadro. Dificuldades financeiras, desemprego e outros dramas pessoais também podem originar a depressão.

DOENÇAS FÍSICAS

Algumas enfermidades, como a esclerose múltipla ou acidentes vasculares cerebrais podem causar alterações encefálicas e levar à depressão. Outras doenças também podem levar à depressão por via indireta — é o caso de doenças crônicas e incapacitantes, que tornam a existência tão penosa a ponto de mudar completamente a vida das pessoas.

NÍVEIS HORMONAIS

Hormônios são substâncias que se encontram no organismo e são responsáveis pelo seu bom funcionamento. Se o nível de hormônios entrar em desequilíbrio, a depressão pode surgir. É o caso do hipotireoidismo, causado pelo mau funcionamento da glândula tireoide e que pode desencadear quadros depressivos de maior ou menor intensidade.

USO DE MEDICAMENTOS, DROGAS E ÁLCOOL

Alguns medicamentos, como os remédios para pressão alta, podem causar depressão. Evidentemente, o álcool e algumas drogas ilegais, que atuam diretamente sobre o sistema nervoso, como a cocaína e o crack, podem fazer surgir ou agravar a depressão. Não é bom que os deprimidos utilizem essas substâncias, mesmo que seus efeitos pareçam trazer um alívio momentâneo aos sintomas da depressão.

ORIGEM ESPIRITUAL

Existe muita confusão no segmento cristão acerca da ação maligna sobre a mente das pessoas. Sabemos que os demônios existem e que sua ação pode levar à depressão ou mesmo à loucura — contudo, é preciso bom senso e discernimento de espírito para saber o que tem causa espiritual e o que é acarretado por problemas físicos ou emocionais. Por outro lado, é preciso ter claro que pecados não confessados, bem como uma vida espiritual em desacordo com a vontade de Deus, podem trazer à pessoa não apenas sentimentos de culpa, como também verdadeiros dramas interiores, cadeias da alma e da mente que podem causar depressão.

SINTOMAS DA DEPRESSÃO

Há uma série de sintomas típicos da depressão. No entanto, nenhum caso é exatamente igual a outro, porque a própria individualidade das pessoas não permite que isso aconteça. Os sintomas variam de paciente para paciente, e não é necessária a presença de todos eles para que seja diagnosticada a doença. Eis os mais comuns:

a. Sentimento persistente de tristeza, ansiedade; a pessoa se queixa de um "vazio" que não sabe definir.
b. Sentimento de desesperança, pessimismo e desamparo.
c. Sentimento de culpa, falta de amor próprio e desânimo para enfrentar problemas ou situações que exigem uma atitude. O depressivo costuma sempre recorrer à célebre frase: "Não tem jeito, mesmo..."

d. Perda de interesse ou de prazer por atividades lúdicas, encontros com amigos, hobbies e práticas de que a pessoa costumava gostar, incluindo o sexo.
e. Falta de sono ou sono excessivo; a pessoa não consegue dormir ou não consegue sair da cama.
f. Perda ou ganho de apetite e de peso.
g. Falta de energia, fadiga constante.
h. Irritabilidade e inquietação.
i. Ideias fixas, inclusive de suicídio.
j. Dificuldade de concentração, perda parcial ou total da memória, incapacidade de tomar decisões.
k. Sintomas físicos persistentes que não respondem a tratamento adequado, como cefaleia, gastrite ou dores crônicas.
l. Choro frequente por causa indefinida ou por questões pouco significativas.
m. Pensamento desordenado.
n. Pressentimento de que algo ruim está para acontecer, mesmo que nada na prática indique tal possibilidade.

CAUSAS DA DEPRESSÃO

O psicólogo cristão James Dobson apresenta dez fatores que podem levar o ser humano à depressão:

- Ausência de romantismo no casamento
- Autoestima negativa
- Problemas com os filhos
- Dificuldades financeiras
- Solidão
- Problemas sexuais no casamento
- Doenças

- Cansaço e pressões do tempo, estresse
- Conflito com parentes
- Envelhecimento

Entretanto, um dos tipos mais comuns de depressão é aquela provocada por fatores externos ao indivíduo, que são, na sua maioria, de origem espiritual. A razão disso é que o inimigo de nossa vida se aproveita dos momentos de tristeza e dificuldades pelos quais as pessoas passam para provocar a depressão. Ele sabe que uma pessoa deprimida perde o interesse nas coisas de Deus, torna-se apática na oração e na leitura bíblica e vira presa fácil do maligno.

Um desses fatores externos que pode deixar alguém deprimido é a injustiça. É comum vermos casos de pessoas que sofreram alguma acusação injusta, ou que foram demitidas do emprego sob falsas justificativas, e que entram num quadro depressivo. Conflitos pessoais frequentes, como brigas no ambiente familiar ou profissional, também afetam emocionalmente as pessoas, abrindo a porta para a depressão.

Uma pergunta que muitos estão fazendo atualmente é se um cristão, salvo e redimido pelo Senhor, pode ficar deprimido. A resposta é sim. A causa, como já vimos, pode ser uma deficiência orgânica que, sendo constatada, deve ser tratada por médicos especialistas. No entanto, conforme já vimos, ela pode estar também relacionada com um daqueles fatores externos que abatem o indivíduo, como as perdas, derrotas pessoais ou injustiças.

Como regra preventiva, nenhum cristão deve permitir que os problemas naturais da vida suplantem o seu relacionamento pessoal com Deus, pois à medida que isso ocorrer, maior chance ele terá de cair em depressão. Ninguém deve, portanto, achar-se suficiente para resolver tudo, mas depender de Deus em cada necessidade. Afinal, como temos visto ao longo desta obra, só no Senhor podemos obter a vitória.

Capítulo 11

COMO SUPERAR A DEPRESSÃO

O primeiro passo, como aliás o é na maioria das dificuldades humanas, é admitir o problema. O deprimido precisa reconhecer que sofre de depressão. Então, enfrente-a e não desconsidere seus efeitos sobre sua vida. Se a depressão tem sido sua companheira durante algum tempo, procure um médico psiquiatra. Não tente curar-se sozinho. O benefício para a saúde é enorme quando o paciente pode contar com orientação profissional e medicamentos adequados.

Procure analisar sempre seus pensamentos e o seu senso de julgamento. Se o seu modo de pensar for negativo e você insistir em fazer análises negativas a respeito de si mesmo, então você é um forte candidato a desenvolver a depressão. O sábio já dizia: "Como o homem se imagina em sua alma, assim ele é" (Provérbios 23:7).

Nós temos a tendência a acumular "lixo" em nossa alma. Coisas como iras, amarguras, ressentimentos, ansiedade, medo, ódio, raiva, falta de perdão, rancor, inveja, ciúmes e sentimento de inferioridade podem nos privar da graça de Deus, conforme está no livro de Hebreus: "Tendo cuidado de que ninguém se prive da graça de Deus, e de que nenhuma raiz de amargura, brotando, vos perturbe, e por ela muitos se contaminem" (Hebreus 12:15).

Além de você se prejudicar, ainda prejudica os que estão ao seu redor. Peça ao Senhor Jesus que limpe a sua alma e que a partir de hoje leve seu pensamento cativo à obediência de Cristo. "Porque, andando na carne, não militamos segundo a carne. Porque as armas da nossa milícia não são carnais, mas sim, poderosas em Deus, para destruição das fortalezas; destruindo os conselhos e toda altivez que se levanta contra o conhecimento de Deus, e levando cativo todo o entendimento à obediência de Cristo" (2Coríntios 10:3-5). Então, uma forma de vencer a depressão é ocupar o pensamento com coisas boas e edificantes.

Mais uma vez, o apóstolo Paulo nos dá um precioso conselho em relação ao que deve ocupar nosso pensamento: "Quanto ao mais, irmãos, tudo o que é verdadeiro, tudo o que é honesto, tudo o que é justo, puro, tudo o que é amável, tudo o que é de boa fama, se há alguma virtude, e se há algum louvor, nisso pensai" (Filipenses 4:8). Renove sua mente todos os dias. Profetize bênçãos sobre si mesmo, e você logo verá a diferença.

Outras medidas, essas de caráter bem prático, são capazes de prevenir a depressão ou melhorar o quadro daqueles que já se encontram acometidos pela doença. Envolva-se em atividades agradáveis, fazendo exercícios diariamente, como caminhadas, alongamento, hidroginástica, natação e ginástica. Cuide do seu corpo, porque ele é templo do Espírito Santo. Quando praticamos exercícios, liberamos um hormônio chamado endorfina, que é relaxante e produz bem-estar.

Além disso, procure estar sempre com pessoas amigas e fazer novas amizades. A igreja é um excelente ambiente para isso. Ali, além dos cultos e atividades de cunho espiritual, grupos específicos, como de casais, jovens ou idosos desenvolvem muitas atividades e programações.

Acima de tudo, tenha sempre a Palavra de Deus e a oração como armas espirituais para aumentar sua fé e confiança no Senhor, crendo que ele é o Deus do impossível. E você alcançará vitória também contra a depressão.

SAUL, UM DEPRIMIDO

Encontramos em 1Samuel o relato de um típico quadro de depressão causado por influência maligna. Após cair em desgraça perante seu povo e desobedecer frontalmente a Deus, Saul desenvolveu um destrutivo quadro de depressão. O relato bíblico nos dá conta de que um espírito mau começou a perturbá-lo e ele passou a penetrar no túnel escuro da depressão. A Bíblia diz que apenas Davi, quando

Capítulo 11

dedilhava sua harpa, conseguia trazer algum alívio à mente atormentada do rei. Sem buscar arrependimento e insistindo em seus próprios caminhos, Saul acabou se destruindo.

O processo de afastamento da fé quase sempre é gradual. À medida que a pessoa vai deixando Deus de lado, mais se coloca em risco. A dureza espiritual de quem um dia teve comunhão com o Senhor costuma levar à tristeza, ao abatimento e ao derrotismo. Daí para a depressão é um passo.

CUIDADO NOS MOMENTOS DE VITÓRIA

É preciso prestar muita atenção a outra questão muito importante, mas poucas vezes observada, em relação à prevenção de estados depressivos. Esteja atento aos momentos em que se sucede uma grande vitória, pois provavelmente Satanás, que não quer que você seja feliz nem que Deus seja glorificado em sua vida, tentará agir contra sua vida. E ele pode intentar um ardil psicológico para levá-lo à depressão.

O exemplo bíblico mais conhecido sobre isso é o episódio ocorrido com o profeta Elias, relatado em 1Reis 17. Ele orou e, por três anos, não choveu. Que homem tremendo! Mais adiante, no capítulo 18, o texto nos mostra que Israel estava dividido entre a devoção a Deus e a adoração a Baal, um deus pagão cujos ritos foram introduzidos entre os judeus por povos vizinhos e hostis. Então Elias exortou o povo a fazer uma opção crucial: "Até quando coxeareis entre dois pensamentos? Se o Senhor é Deus, segui-o; e, se é Baal, segui-o." Em seguida, lançou um desafio. Um sacrifício seria colocado sobre o altar. A divindade que enviasse fogo para consumir o holocausto seria reconhecida como o verdadeiro Deus.

Havia nada menos que 450 profetas de Baal, e apenas Elias ao lado do Deus de Israel. O clamor dos adoradores do falso deus não foi ouvido, embora eles chegassem até a se mutilar em suas invocações.

Após ridicularizar a devoção a Baal, Elias determinou que o sacrifício fosse encharcado, o que dificultaria ainda mais o ateamento de fogo. Então, o profeta clamou ao Senhor, e a resposta foi fogo, que desceu dos céus, secou a água e consumiu toda a oferta.

Que vitória maravilhosa! O povo, ao presenciar tal milagre, caiu prostrado, bradando: "Só o Senhor é Deus!" Para que houvesse uma purificação completa, Elias mandou que todos os profetas de Baal fossem mortos. Contudo, mesmo após esse retumbante triunfo, o capítulo 19 do primeiro livro dos Reis nos relata que Jezabel ficou a par do ocorrido devido ao relato de Acabe, seu marido, e prometeu vingança. Furiosa com o extermínio dos sacerdotes do deus pagão, ela mandou mensageiros a Elias com uma assustadora mensagem: "Assim me façam os deuses e outro tanto, se decerto amanhã, a estas horas, não puser a tua vida como a de um deles."

Imagine que situação paradoxal. O homem que representava a voz de Deus perante Israel, cujas orações eram atendidas e que até fez descer fogo do céu ficou tão amedrontado com a ameaça que fugiu para o deserto. Mais adiante, escondido, solitário e deprimido, fez uma oração patética: "Já basta, Senhor; toma agora a minha vida, pois não sou melhor do que meus pais." Entendeu? Elias pediu para si a morte, pois a depressão era tamanha que ele não vislumbrava saída, mesmo sendo um profeta do Senhor.

A TERAPIA DIVINA

Mas, mesmo lá no deserto, o Senhor estava contemplando-o; e o socorro divino não tardaria. Deus enviou um anjo a Elias, determinando que se alimentasse — olha aí um sintoma típico da depressão, a perda do apetite. Milagrosamente, o Senhor lhe providenciou sustento: um pão cozido e uma botija de água. Elias comeu, bebeu e voltou a deitar-se, manifestando outro sintoma depressivo, a apatia. Uma pessoa

Capítulo 11

em depressão tem o sono perturbado, não dorme direito. Por isso, o anjo deixou-o dormir. Mas quando Elias já tinha descansado o suficiente, o anjo voltou a ele, dizendo que saísse dali.

Mas ainda faltava uma coisa para acabar com o estado depressivo de Elias: era preciso que o profeta corrigisse sua visão, no tocante à situação que vivia. Sentindo-se sozinho, queixou-se diante de Deus, dizendo que só ele restara como profeta do Senhor. Mas ele o colocou na perspectiva correta, lembrando-lhe que, além dele, outros sete mil não se dobraram diante de Baal.

A terapia de Deus consistiu, portanto, nas seguintes etapas:

1. Alimentação
2. Repouso
3. Incentivo
4. Visão correta

Não permita que Satanás dê a última palavra em sua vida. Se você está sentindo que a situação é tão estressante que a depressão parece se avizinhar, siga os passos com que o Senhor tratou de Elias — eles podem ser fundamentais para revolucionar sua vida!

O poder da Palavra de Deus

Há também uma lição importantíssima acerca da depressão no episódio da tentação de Jesus. Quando lemos o texto de Mateus 4, encontramos Satanás preparando uma série de armadilhas para o Filho de Deus. O Senhor estava debilitado fisicamente, após um longo período de jejuns e orações. E de que forma ele venceu o inimigo? Citando, a cada investida do diabo, a palavra de Deus.

A cada investida maligna, o Messias tinha pronta resposta fundamentada nas Escrituras. "Está escrito — nem só de pão viverá o homem", disse, diante da sugestão maligna de que transformasse pedras em pães para aplacar a fome após 40 dias sem comer. "Está escrito: não tentarás o Senhor, teu Deus", retorquiu, quando o diabo disse que deveria lançar-se do alto do templo para ver se anjos viriam sustê-lo; e "Está escrito: só ao teu Deus adorarás, e somente a ele prestarás culto", afirmou, ante a proposta que lhe foi feita de que poderia ter tudo que quisesse, caso se prostrasse e adorasse o inimigo.

UMA DIFERENÇA FUNDAMENTAL

Também Salmos 42 nos apresenta o salmista em grande depressão. Ali, percebemos claramente seus sintomas desse terrível mal, quando ele diz coisas como "As minhas lágrimas servem-me de mantimento de dia e de noite" (Salmos 42:3). Inquirido acerca de onde estava o seu Deus, ele mergulhava ainda mais em sua depressão, porque estava vivendo um problema tremendo e os inimigos, dele e de Deus, ainda debochavam de sua conduta e procedimento.

Quem sabe isso não esteja também acontecendo em sua vida, e alguém esteja lhe perguntando onde está o seu Deus no meio da crise? Você se sente encurralado, assustado e amedrontado. Pois essa era a situação do salmista. Entretanto, no verso 11, ele diz: "Por que estás abatida, ó minha alma, e por que te perturbas dentro de mim?"; e a seguir, vem a resposta — "Espera em Dens, pois ainda o louvarei. Ele é a salvação da minha face e o meu Deus." Aleluia, essa é a diferença entre quem conhece Deus e quem não o conhece!

UM EXEMPLO DE VITÓRIA SOBRE A DEPRESSÃO

Em Gênesis 45:5-8, encontramos a seguinte declaração de José: "Agora, pois, não vos entristeçais, nem vos pese aos vossos olhos por

Capítulo 11

me haverdes vendido para cá, porque para conservação da vida Deus me enviou diante da vossa face. Porque já houve dois anos de fome no meio da terra, e ainda restam cinco anos em que não haverá lavoura nem sega. Pelo que Deus me enviou diante da vossa face, para conservar vossa sucessão na terra, e para guardar-vos em vida por um grande livramento. Assim, não fostes vós que me enviastes para cá, senão Deus, que me tem posto por pai de Faraó, e por senhor de toda a sua casa, e como regente em toda a terra do Egito."

E ainda, em Gênesis 50:19,20, encontramos a seguinte fala de José: "Não temais; porque, porventura, estou eu em lugar de Deus? Vós bem intentastes mal contra mim, porém Deus o tornou em bem, para fazer como se vê neste dia."

Esses versículos mostram um pouco do perfil de um homem que tinha tudo para ser depressivo. Ainda adolescente, num ato injusto provocado pela inveja, José fora vendido pelos próprios irmãos como escravo a uma caravana de mercadores. Conduzido ao Egito, foi revendido a Potifar, capitão da guarda de Faraó. Na casa daquele oficial, apesar do seu correto procedimento e de sua competência — de escravo, passou a mordomo e a administrador de todos os bens da família —, foi injustamente caluniado pela mulher de Potifar, que tentou insistentemente seduzi-lo. Por causa disso, foi jogado na prisão e ficou muito tempo naquele lugar. Mas Deus deu-lhe graça ali também.

Passando por tamanha coleção de dissabores e injustiças, José teria todas as justificativas para ter se tornado uma pessoa melancólica, amarga e depressiva. Sua vida, até ali, tinha sido uma sucessão de problemas. No entanto, surpreendentemente, ele superou tudo isso com uma força interior incomum. Sua fidelidade e devoção ao Senhor, aliadas à firme convicção em suas promessas, impediu-o de nutrir qualquer sentimento de amargura ou de ressentimento, contra quem quer que fosse.

Essa vitória sobre o ressentimento, e a sua capacidade de perdoar — expressa no reencontro emocionante com seus irmãos, anos depois, no Egito —, foram os segredos de sua vitória sobre a depressão. Por isso, quando os filhos de Jacó chegaram ao Egito, encontram-no não mais na cadeia, mas como governador de todo o país, porquanto a mão de Deus agira poderosamente em sua vida. Ironicamente, foram seus irmãos quem ficaram deprimidos. Não puderam esquecer-se da maldade que fizeram um dia contra José, que agora não só os acolhia, como os livrava da morte pela fome. Isso porque José não atribuía os seus sofrimentos à sorte ou ao azar. Ao contrário — tinha consciência de que, em tudo o que passou, mesmo nos piores e mais difíceis momentos, tinha a presença do Senhor ao seu lado.

E você, por que está sempre lutando contra a depressão? Há um Deus que olha para você, que vê esses momentos conflitantes de sua vida. Aprenda que Ele pode estar querendo mostrar-lhe algo nessas horas, e dar-lhe uma edificante lição sobre como proceder em alguma área específica de sua vida. Firme-se, como José, nas promessas do Senhor e anime-se!

Capítulo 12

Vencendo com a família

"Como é feliz quem teme o Senhor,
quem anda em seus caminhos!
Você comerá do fruto do seu trabalho
e será feliz e próspero.
Sua mulher será como videira frutífera em sua casa;
seus filhos serão como brotos de oliveira ao redor da sua mesa.
Assim será abençoado
o homem que teme o Senhor!
Que o Senhor o abençoe desde Sião,
para que você veja a prosperidade de Jerusalém todos os dias
da sua vida
e veja os filhos dos seus filhos"

Salmos 128.1-6

Todos sabem da minha luta a favor da família e contra as vertentes políticas e religiosas que tentam de alguma forma agredir essa instituição divina. Os meios de divulgação cultural e as próprias casas legislativas do país estão atacando sistematicamente as bases da família nuclear,

Capítulo 12

num reflexo das últimas tendências do mundo ocidental. Organizações internacionais e nações influentes estão empenhadas em forçar o cumprimento da agenda homossexual e em impor a legalização do aborto, entre outras metas que todo servo de Deus prontamente identifica como anticristãs (1João 2:18,22; 4:3).

O resultado disso, que os patrocinadores de tais mudanças não percebem ou não querem ver, é que temos hoje uma sociedade desarranjada. Acaba se formando então um círculo vicioso: a família atacada em suas bases gera uma sociedade desarranjada, enquanto a sociedade cada vez mais afastada dos valores cristãos promove constantes ataques à família já enfraquecida. Não é difícil concluir que um futuro sombrio e caótico nos aguarda se não lutarmos pela preservação da família e de seus valores.

Salmos 128 expressa muito bem a importância da família para o indivíduo e para a sociedade. Se você ler o salmo com atenção, perceberá que a família está no centro da bênção de Deus, entre a prosperidade individual em todas as áreas e a sociedade próspera saudável. E o segredo por trás de tudo, a essência da felicidade humana, é "temer o SENHOR".

Dessa forma, o indivíduo que teme ao Senhor (v. 1) formará uma família baseada nos princípios bíblicos, sustentada por trabalho honesto (v. 2). A bênção de Deus se estenderá à esposa e depois aos filhos (v. 3). O resultado será uma família bem estruturada e capaz de vencer as adversidades da vida. O salmista acrescenta ainda uma verdade cada vez mais ignorada pela nossa geração: famílias bem estruturadas geram sociedades prósperas e descendências abençoadas (v. 5-6).

Em suma, essa obra poética inspirada por Deus está dizendo que a família é uma arma poderosa para vencer os males que assolam a sociedade de qualquer época e lugar. Esse salmo, portanto, é um retrato da família vencedora, o que justifica pelo menos uma breve análise dos elementos mencionados nesses poucos versículos.

O TEMOR DO SENHOR — A BASE DE TUDO

A Bíblia define o temor do Senhor como "o princípio do conhecimento" (Provérbios 1:7). A família é uma instituição divina, por isso não é surpresa que ela tenha relação com o divino. Surpresa seria se não tivesse. Ao mesmo tempo, a família é uma instituição formada por seres humanos, por isso o elemento humano tem de ser levado em conta.

A expressão "temor do SENHOR" não significa ter medo de Deus ou viver sob o temor do castigo divino, como apregoam certas concepções populares. Trata-se, isso sim, do reconhecimento reverente do poder e da autoridade de Deus. Para a família, significa reconhecer a Deus como o Autor da instituição e ter as Escrituras como base e como a palavra final nos assuntos familiares.

Não são poucas as passagens bíblicas que dispõem sobre questões relacionadas à família, como estas:

> O homem deixará pai e mãe e se unirá à sua mulher, e eles se tornarão uma só carne.
>
> Gênesis 2:24

> Mulheres, sujeite-se cada uma a seu marido, como convém a quem está no Senhor. Maridos, ame cada um a sua mulher e não a tratem com amargura. Filhos, obedeçam a seus pais em tudo, pois isso agrada ao Senhor. Pais, não irritem seus filhos, para que eles não desanimem.
>
> Colossenses 3:18-21

Essas ordenanças podem até ser questionadas por quem não reconhece a autoridade divina, mas a verdade é que se ele não se orientar pelas regras do Autor da instituição familiar, terá de se guiar

Capítulo 12

por alguém. As agendas políticas que mencionei no início deste capítulo são tentativas de substituir a autoridade divina nas questões humanas. Governos, partidos políticos e ONGs querem assumir o lugar do Criador no gerenciamento das questões humanas. O objetivo dessas organizações é afastar as famílias do temor do Senhor, e o resultado está aí para todos verem. "Casais" de pessoas do mesmo sexo assumindo papéis que sempre foram regidos pelas diferenças e violando assim os propósitos da criação. Chega-se ao absurdo de classificar os gêneros masculino e feminino como "estereótipos", ao mesmo tempo em que se tenta enfiar goela abaixo da humanidade a teoria do terceiro gênero. Sob o pretexto de proteção, crianças estão sendo afastadas do amor e da autoridade dos pais, orientadas por ideologias incompatíveis com os princípios da Palavra de Deus e aliciadas para os caminhos tortuosos do homossexualismo, do ateísmo e do antagonismo à moral cristã.

Parece que estamos vivendo em escala mundial o problema enfrentado por Neemias quando o grande líder de Israel tentava reconstruir os muros da Cidade Santa: "Todos juntos planejaram atacar Jerusalém e causar confusão" (Neemias 4:8). De fato, a confusão que vemos é assustadora.

A humanidade pós-moderna está desorientada, o que não é nenhuma surpresa, pois o mesmo capítulo que define o temor do Senhor prevê que os seus detratores "comerão do fruto da sua conduta e se fartarão de suas próprias maquinações" (Provérbios 1:31). Ou seja, no afã de semear a confusão pela negação das verdades absolutas de Deus, eles mesmos ficam confusos. Prova disso é que na Suécia, país considerado um dos mais desenvolvidos do mundo, as pessoas estão retornando às igrejas em busca de orientação. Esse fenômeno também não deve nos causar espanto, porque na sequência do texto citado lemos que quem se volta para Deus "viverá em segurança e estará tranquilo, sem temer nenhum mal" (v. 33).

Vencendo com a família

O fato de a família ser também uma instituição humana não a torna independente de Deus nem a autoriza buscar caminhos alternativos para a existência humana. É certo que temos o "conhecimento", uma virtude humana — a inteligência, a capacidade intelectual de perceber um fato ou uma verdade ou processar aquilo que captamos por meio dos sentidos. Mas não podemos nos esquecer de que o conhecimento também nos foi dado por Deus. Alguém já disse que "ter conhecimento sobre algo e nenhum de Deus aniquila o valor de possuir esse conhecimento".

Não é à toa que Bíblia chama de tolo quem se recusa a temer ao Senhor.

O TRABALHO — O CAMINHO NATURAL DA PROSPERIDADE

Outro componente básico da família vencedora apontado em Salmos 128 é o trabalho: "Você comerá do fruto do seu trabalho e será feliz e próspero" (v. 2). O Pregador, na grande obra que faz parte dos escritos sapienciais do Antigo Testamento, revela: "Descobri que não há nada melhor para o homem do que ser feliz e praticar o bem enquanto vive. Descobri também que poder comer, beber e ser recompensado pelo seu trabalho é um presente de Deus" (Eclesiastes 3:12-13).

Observe que no texto de Eclesiastes o trabalho está associado à prática do bem e à felicidade humana. De acordo com a narrativa bíblica, o ser humano já trabalhava mesmo antes de Deus haver instituído a família (Gênesis 2:15; cf. v. 18-25). Isso nos diz claramente que quem deseja formar uma família tem de antes ser um trabalhador, e o que lemos em Provérbios 24:27: "Termine primeiro o seu trabalho a céu aberto; deixe pronta a sua lavoura. Depois constitua família."

A velha máxima de que o trabalho dignifica o homem pode até ser um clichê, mas não deixa de ser verdade. Trabalhar para oferecer

Capítulo 12

à família uma vida decente e contribuir para o desenvolvimento da sociedade é o que podemos considerar um comportamento digno.

O apóstolo Paulo tinha pouquíssima consideração por aqueles que optavam pela vida mansa, por se sustentar à custa dos outros:

> Quando ainda estávamos com vocês, nós ordenamos isto: Se alguém não quiser trabalhar, também não coma. Pois ouvimos que alguns de vocês estão ociosos; não trabalham, mas andam se intrometendo na vida alheia. A tais pessoas ordenamos e exortamos no Senhor Jesus Cristo que trabalhem tranquilamente e comam o seu próprio pão. Quanto a vocês, irmãos, nunca se cansem de fazer o bem.
>
> 2Tessalonicenses 3:10-13

A admoestação paulina — "Se alguém não quiser trabalhar, também não coma" — pode nos parecer um pouco exagerada, severa demais, porém, como já vimos, ele está falando da dignidade do ser humano, porque Deus é glorificado por aquilo que fazemos (1Pedro 4:11). É por essa razão que vemos, no final do texto, o trabalho outra vez associado à prática do bem.

Certas vertentes políticas e movimentos se empenham em diminuir as desigualdades sociais por meio de uma melhor distribuição de renda. O desejo de dar condições de vida mais dignas às pessoas é louvável e deve ser a preocupação de todos, mas no esforço para obter seus objetivos esses partidos e movimentos quase sempre acabam por querer se apropriar de algo que alguém trabalhou duro para conquistar e entregá-lo a alguém que não quer nada com o trabalho, que nunca batalhou de fato para melhorar de vida ou que sempre foi um mau funcionário.

Ninguém ignora as injustiças sociais, e muita coisa precisa ser consertada, mas não se pode consertar um erro com outro. Volto a lembrar que a prática do bem deve estar associada a qualquer conquista social. Você encontra na Bíblia muitas recomendações sobre o cuidado com os pobres e necessitados, mas não encontrará ali nenhuma condescendência com os preguiçosos, aproveitadores ou pessoas que, nascidas em berço de ouro, vivem apenas para satisfazer os próprios desejos. Alguns exemplos:

> Até quando você vai ficar deitado, preguiçoso? Quando se levantará de seu sono?
>
> Provérbios 6:9

> Como o vinagre para os dentes e a fumaça para os olhos, assim é o preguiçoso para aqueles que o enviam.
>
> Provérbios 10:26

> Vocês bebem vinho em grandes taças e se ungem com os mais finos óleos, mas não se entristecem com a ruína de José. Por isso vocês estarão entre os primeiros a ir para o exílio; cessarão os banquetes dos que vivem no ócio.
>
> Amós 6:7

O trabalho dá ao homem a consciência tranquila de quem cumpre seu dever e dá conta de suas responsabilidades. Deus pode nos abençoar de muitas maneiras, mas o trabalho honesto é o caminho da bênção de Deus para a família. Como diz o Pregador, a recompensa do trabalho é um presente de Deus. Na família do preguiçoso, você encontra apenas miséria.

A família vencedora é, antes de tudo, uma família de trabalhadores.

Capítulo 12

Os membros da família — a formação de um grupo vencedor

A família é fortalecida quando se apoia sobre o temor do Senhor e quando há dedicação ao trabalho. Mas a Bíblia determina a função de cada membro na família, e ela só será bem-sucedida, ou seja, só terá chances de se tornar vencedora se marido, esposa e filhos cumprirem o seu papel no ambiente familiar, conforme Deus determina. Salmos 128 mostra o resultado da família bem estruturada na Palavra de Deus e no cumprimento de seus deveres: "Sua mulher será como videira frutífera em sua casa; seus filhos serão como brotos de oliveira ao redor da sua mesa. Assim será abençoado o homem que teme o Senhor!" (v. 3-4).

1. O marido

Quem estuda psicologia sabe que há diferenças fundamentais entre homem e mulher além do sexo. Pode-se afirmar que o homem é mais lógico e racional, por isso foi designado por Deus como líder, provedor e protetor da família (Gênesis 2:15). Por essa razão, Deus o chamou à responsabilidade em primeiro lugar por ocasião da Queda (Gênesis 3:9). Vê-se a mesma preocupação no Novo Testamento (1Timóteo 3:4-5).

O movimento feminista está tentando criar uma instituição familiar sem líder, um monstro de duas cabeças, ou talvez — porque as propostas são sempre confusas — uma entidade familiar acéfala. Nenhuma instituição sobrevive dessa forma, e o homem que foge às suas atribuições está simplesmente transferindo para a esposa a responsabilidade de líder, protetora e provedora.

Creio ser desnecessário dizer que essa liderança não significa que um manda e o outro apenas obedece, mas uma parceria em que cada um assume responsabilidades, do contrário seria impossível cumprir este versículo: "Maridos, ame cada um a sua mulher, assim como Cristo amou a igreja" (Efésios 5:25).

2. A ESPOSA

A mulher é mais intuitiva e tem a sensibilidade mais aguçada que a do homem. Por essa razão, ela tem a função de adjutora no lar, ou seja, foi designada para auxiliar o marido na tarefa de líder, protetor e provedor da família. A importância desse papel é evidenciada em Provérbios 14:1: "A mulher sábia edifica a sua casa, mas com as próprias mãos a insensata derruba a sua." Isso significa que ela é a responsável pela harmonia no lar, é a "liga" quem mantém a família unida. Se a mulher não cumprir o seu papel, a família desmorona.

A mentalidade contemporânea contesta os papéis tradicionais do homem e da mulher na família. A mulher obteve conquistas importantes e merecidas, avançou no mercado de trabalho, e isso sem dúvida muda a rotina familiar. Ainda assim, os novos tempos não isentam a mulher (nem o homem) de sua responsabilidade diante do lar e de Deus.

Numa entrevista, perguntaram à minha esposa, Elizete: "Além de teóloga, a senhora é também escritora, palestrante e terapeuta familiar. Com tantas atribuições, sobra tempo para se dedicar à própria família?" Ela respondeu: "Minha família sempre foi e será prioridade, pois antes de desempenhar qualquer um desses papéis, eu sou esposa, mãe e avó. Por me dedicar a eles e à igreja, hoje eu não atendo mais no consultório. Eu e meu marido temos um compromisso, de não ficarmos separados mais de três dias um do outro. Enfim, eu amo tudo o que faço."

Não podemos jamais ignorar os papéis do marido e da mulher à luz da Palavra de Deus, do contrário a família será derrotada. Devemos preservar os vínculos afetivos que unem marido, esposa e filhos e nos orientar pelos princípios bíblicos, a fim de que a família seja abençoada e, por conseguinte, vitoriosa.

Capítulo 12

3. Os filhos

O papel dos filhos na família obviamente não contempla a liderança e os atributos próprios de pai e mãe. O apóstolo Paulo, escrevendo à igreja de Éfeso, admoesta: "Filhos, obedeçam a seus pais no Senhor, pois isso é justo. 'Honra teu pai e tua mãe' — este é o primeiro mandamento com promessa — 'para que tudo te corra bem e tenhas longa vida sobre a terra'" (Efésios 6:1-3).

A Bíblia também afirma que os filhos são herança do Senhor (Salmos 127:3). Isso implica a responsabilidade dos pais em administrar essa herança. Consequentemente, a maior responsabilidade dos filhos consiste em aprender (Provérbios 4:1). Eles devem absorver os princípios saudáveis que lhes são passados pelos pais e se espelhar nos bons exemplos do pai e da mãe. Em suma, o papel deles no lar é preparar-se para a vida, porque os filhos e filhas de hoje serão os maridos e esposas de amanhã. E formarão famílias vencedoras se tiveram como base uma família temente a Deus, dedicada ao trabalho e formada por pais que cumpriram seu papel segundo a Palavra de Deus.

O mundo pós-moderno está iniciando os jovens no sexo sem compromisso cada vez mais cedo, as ideologias e agendas políticas erguem muros cada vez mais altos entre pais e filhos, a rebeldia é incentivada por massiva manipulação da mídia e as mentes jovens são bombardeadas com questionamentos sobre a fé. Há pais, até bem-intencionados, que no desejo de proteger os filhos acabam criando restrições que são nocivas ao desenvolvimento deles. Alguns chegam a tirá-los da escola. Agem como dominadores e tentam ignorar o fato de que os filhos crescem e amadurecem.

Costumo dizer que não criamos filhos para nós, e sim para os outros. Não podemos segurá-los conosco o resto da vida. Temos de lançá-los na vida. Por isso o autor inspirado diz que "homem *deixará* pai e mãe" (Gn 2.24). A ruptura é inevitável, e não só no casamento. A escola, o emprego e as amizades são formas de afastamento que fazem parte da vida e do processo que levará o jovem à maturidade.

É uma lei inexorável da vida, e não temos por que combatê-la. A família vencedora não é a que mantém os filhos a vida inteira sob o mesmo teto, e sim aquela que o prepara devidamente, de acordo com os princípios bíblicos, para seguir em frente e assim formar outra família vencedora (Provérbios 22:6). Salmos 128 diz que os "filhos serão como brotos de oliveira ao redor da sua mesa". Os brotos são as plantas em estado tenro, e isso deve nos dizer que o lugar da planta adulta não é ali.

SOCIEDADE PRÓSPERA —
O RESULTADO DE UMA BASE SOCIAL SAUDÁVEL

Salmos 128 encerra com um desejo do salmista que é profético, mas também é lógico no contexto: "Que o Senhor o abençoe desde Sião, para que você veja a prosperidade de Jerusalém todos os dias da sua vida, e veja os filhos dos seus filhos" (v. 5-6). Como a família é a base da sociedade, um conjunto das vencedoras resultará numa sociedade próspera e justa.

Diante do cenário que vemos descortinado pelo pós-modernismo, fico pensando como será a humanidade daqui a umas duas décadas, uma vez que a base familiar alicerçada nas verdades das Escrituras está sendo preterida pelos donos do poder e pela mídia, a favor de um sistema que dificulta ou mesmo proíbe que se façam distinções básicas entre certo e errado. As verdades absolutas são negadas, e tudo que a humanidade considerou bom desde que surgiu no mundo é agora contestado ou distorcido.

A Bíblia não se cala sobre essa situação e adverte: "Ai dos que chamam ao mal bem e ao bem, mal, que fazem das trevas luz e da luz, trevas, do amargo, doce e do doce, amargo! Ai dos que são sábios

Capítulo 12

aos seus próprios olhos e inteligentes em sua própria opinião!" (Isaías 5.20-21). Os "ais" na Bíblia geralmente são emitidos contra grupos nocivos ao povo de Deus e à humanidade em geral, e essa tendência é generalizada em nossos dias.

Estou convicto de que vivemos hoje aqueles tempos profetizados pelo apóstolo Paulo: "Nos últimos dias sobrevirão tempos terríveis" (2Timóteo 3:1). Ele não está falando apenas de uma provação para a igreja, mas do caos em que a sociedade mergulhará em razão do fato de a humanidade trilhar um caminho que segue na direção oposta do rumo desejado por Deus (cf. v. 2-4).

Cristo afirmou que a igreja é a luz do mundo, e a família cristã é também portadora dessa luz. Como filhos de Deus e cidadãos, os membros da família cristã devem participar ativamente da transformação da sociedade para melhor. Um bom testemunho não passará despercebido, como ocorreu com a igreja do tempo dos apóstolos, que com suas ações santas e sinceras conquistou "a simpatia de todo o povo" (Atos 2.47). A família vencedora pode conquistar o mundo!

No entanto, ela não está livre de problemas, como veremos no próximo capítulo.

Capítulo 13

Enfrentando o inimigo no lar

"É melhor ter companhia do que estar sozinho, porque maior é a recompensa do trabalho de duas pessoas. Se um cair, o amigo pode ajudá-lo a levantar-se. Mas pobre do homem que cai e não tem quem o ajude a levantar-se!" (Eclesiastes 4:9-10). Esse princípio bíblico demonstra que o ser humano não foi feito para ficar só, em nenhum sentido.

O próprio Deus afirmou: "Não é bom que o homem esteja só; farei para ele alguém que o auxilie e lhe corresponda" (Gênesis 2:18). Deus só ficou satisfeito depois que viu o homem acompanhado. Mais tarde, Cristo veio ao mundo e fundou a igreja, que é essencialmente uma comunidade, uma união de pessoas: "Onde se reunirem dois ou três em meu nome, ali eu estou no meio deles" (Mateus 18:20).

Desse modo, as duas principais instituições divinas baseiam-se na parceria, na coletividade. A ideia principal aqui é o auxílio mútuo. Paulo escreve às igrejas da Galácia: "Irmãos, se alguém for surpreendido em algum pecado, vocês, que são espirituais, deverão restaurá-lo com mansidão. Cuide-se, porém, cada um para que também não seja tentado. Levem os fardos pesados uns dos outros e, assim, cumpram

Capítulo 13

a lei de Cristo" (Gálatas 6:1-2). Não por acaso, no mesmo capítulo a igreja é chamada "família da fé" (v. 10). O motivo de a mulher ter sido formada do homem foi lhe servir de auxiliadora, como já lemos.

Portanto, a família tem o dever e até mesmo instinto de cuidar de si mesma. É por isso que você vê os membros de uma família se digladiando entre si, mas basta uma ameaça de fora contra qualquer um deles, e todos se unem para defendê-lo. Os princípios cristãos, naturalmente, promovem a paz e a harmonia no ambiente familiar, mas os conflitos internos são inevitáveis, pois, embora estejamos perseguindo os ideais divinos, os seres humanos são passíveis de falhas e cometem pecados. Além disso, até mesmo as famílias mais estruturadas, alicerçadas sobre os princípios da Palavra de Deus, podem enfrentar crises, tragédias e ataques e precisam estar prevenidas para tais situações e partir em auxílio dos seus entes queridos.

No capítulo anterior, você conheceu as bases da família vencedora. Neste capítulo, apresento algumas orientações bíblicas que o ajudarão a obter vitória sobre problemas familiares mais específicos. Ainda que sua família não se enquadre no que classificamos como "vencedora", a Palavra de Deus será de grande ajuda, não só para resolver seus problemas, como também para levar sua família ao rumo certo e desejável por Deus.

Como o espaço de um capítulo não permite que se descrevam processos ou tratamentos de forma detalhada, relaciono a seguir algumas diretrizes básicas, mas que ajudarão você a agir diante de determinados problemas pela orientação segura da Bíblia.

ÁLCOOL E DROGAS

O vício em drogas e o alcoolismo atualmente estão infiltrados em grande parte das famílias. Os problemas com álcool são conhecidos desde as épocas mais remotas da história humana. A Bíblia, que não esconde os erros de ninguém, registra que Noé foi o primeiro bêbado (Gênesis 9:20-21). É bem provável que nos tempos antediluvianos as bebedeiras fossem comuns, porém o primeiro incidente desse tipo relatado nas Escrituras é o do patriarca. O comércio generalizado de drogas é um fenômeno mais recente.

1. AS DROGAS E A BÍBLIA

Creio que uma explicação se faz necessária aqui. A Bíblia não menciona as drogas especificamente, porém condena com veemência a bebedice. Tanto o álcool quanto as drogas são perigosos pelos seus efeitos físicos e pelos sintomas psicológicos. Eles também provocam mudança de comportamento e causam dependência. Leia esta descrição:

> [...] cambaleiam pelo efeito do vinho, e não param em pé por causa da bebida fermentada. Os sacerdotes e os profetas cambaleiam por causa da bebida fermentada e estão desorientados devido ao vinho; eles não conseguem parar em pé por causa da bebida fermentada, confundem-se quando têm visões, tropeçam quando devem dar um veredicto. Todas as mesas estão cobertas de vômito e não há um só lugar limpo.
>
> Isaías 28:7-8

Convém lembrar ainda que a bebida (ou qualquer substância) forte é "alvoroçadora", isto é, faz a pessoa sair de seu estado natural. Como conciliar esse comportamento alterado com a virtude espiritual do "domínio próprio" (Gálatas 5:23)?

Ainda a título de exemplo, podemos citar esta outra passagem bíblica, que se refere originariamente aos efeitos do "vinho":

> Seus olhos verão coisas estranhas, e sua mente imaginará coisas distorcidas. Você será como quem dorme no meio do

mar, como quem se deita no alto das cordas do mastro. E dirá: "Espancaram-me, mas eu nada senti! Bateram em mim, mas nem percebi! Quando acordarei para que possa beber mais uma vez?"

Provérbios 23:33-35

Temos aí os efeitos alucinógenos causados por drogas que alteram e distorcem a realidade, como LSD e maconha. A Bíblia menciona o "vinho" e a "bebida fermentada" (ou "forte") simplesmente porque não havia o uso generalizado de drogas na época em que a Bíblia foi escrita. Muitas delas, aliás, só se tornaram conhecidas ou foram produzidas em laboratório muitos séculos depois (a cocaína, por exemplo, é do século XIX).

2. O PROBLEMA DAS DROGAS EM NOSSOS DIAS

Como já disse no início do capítulo, o álcool e as drogas estão disseminados na sociedade, e a fortuna que esse comércio, legal ou ilegal, movimenta por ano é incalculável. Praticamente, não há uma família em que a droga ou o álcool já não tenha se infiltrado. Existe gritante desproporção entre o alcance das redes de tráfico e o poder de fogo do contingente policial, isso sem falar em corrupção. As drogas circulam nas ruas e são vendidas na porta das escolas.

Existe agora no Brasil uma campanha pela legalização das drogas, como se isso fosse a solução para o problema. Acontece que os resultados não foram os que se esperavam. Portugal, por exemplo, legalizou a maconha, e o número de consumidores aumentou. Tem-se constatado também que a idade de experimentação foi reduzida, ou seja, crianças e adolescentes começam a experimentar a droga mais cedo. Na mesma pesquisa, realizada pela Associação Brasileira do Estudo do Álcool e outras Drogas (ABEAD), verificou-se também aumento no consumo de outras drogas, como cocaína, ecstasy e heroína.

Isso nos diz que nenhuma família, mesmo aquelas alicerçadas nos princípios cristãos, está isenta de enfrentar um problema de vício em álcool ou em drogas. No entanto, da mesma forma que a Bíblia condena o uso de drogas e de álcool, como já foi demonstrado, ela também oferece soluções.

3. Soluções

O primeiro passo no combate ao vício da droga e do álcool é ter uma família bem-estruturada nos moldes apresentados no capítulo anterior. Contudo, sabemos que nem mesmo entre as famílias cristãs esse é o modelo. Mas a falta de estrutura não é motivo para deixar de prestar ajuda a um ente querido que caiu na armadilha da dependência química.

A. Não se torne um facilitador do vício

Em psicologia, existe o termo "codependência", que corresponde ao comportamento equivocado dos membros da família que tentam se adaptar ao comportamento nocivo do dependente químico, a fim de facilitar a vida dele. Com isso, em vez de ajudar o filho que caiu nas drogas ou o pai que se tornou alcoólatra, talvez com a intenção de proteger aquele membro de consequências mais dolorosas, a família pode estar até incentivando o vício ou pelo menos tirando dele a motivação para se corrigir.

O sacerdote Eli era um facilitador, porque se recusava a corrigir os filhos que agiam como tiranos e desrespeitavam o ambiente sagrado dos sacrifícios. Chegava até a repreendê-los em particular, mas o fato é que ele se limitava a colocar panos quentes na situação (1Samuel 2:23-36). O mesmo ocorre quando um pai liga para o chefe do filho e informa que este não pôde ir trabalhar por estar resfriado, quando na verdade o rapaz está no quarto sob efeitos da droga. A Bíblia condena esse tipo de atitude (Provérbios 24:24).

B. Não seja omisso

A diferença entre o facilitador e o omisso é que o facilitador age para proteger o dependente químico, enquanto o omisso simplesmente não toma nenhuma atitude. Qualquer uma das duas posturas será desastrosa para a família.

A omissão é um pecado do qual o profeta Ezequiel foi advertido: "Quando eu disser a um ímpio que ele vai morrer e você não o advertir nem lhe falar para dissuadi-lo dos seus maus caminhos e salvar a vida dele, aquele ímpio morrerá por sua iniquidade; para mim, porém, você será responsável pela morte dele" (Ezequiel 3:18).

Não podemos deixar que um membro da família mergulhe no abismo sem fazer nada para ajudá-lo.

C. Mostre ao viciado que ele tem um problema

Convém lembrar que nesse caso o dependente químico precisa reconhecer que tem um problema, e essa é justamente a maior dificuldade que os parentes encontram quando querem ajudar um dependente químico.

Davi cometeu adultério com Bate-Seba, conspirou para matar o marido dela e parecia muito bem com isso. Então o profeta Natã foi enviado ao rei para fazer com que ele reconhecesse o erro. O perdão divino veio depois que Davi exclamou: "Pequei contra o Senhor" (2Samuel 12:13).

D. Intervenha

Em último caso, você pode apelar para a intervenção. Significa um confronto mais direto geralmente com a participação dos outros membros da família ou mesmo de um especialista. O primeiro passo é uma reunião com todos os membros da família sem a presença do viciado para decidir como será a aproximação. A pessoa designada para falar não usará palavras ásperas, mas deverá ser firme em mostrar que aquele membro precisa de tratamento. A Bíblia incentiva esse tipo de atitude: "Livra os que estão sendo levados à morte, detém os que vão tropeçando para a matança" (Provérbios 24:11).

PROBLEMAS NO CASAMENTO

Casamento é um assunto para encher bibliotecas. Cada pessoa tem o seu histórico pessoal e familiar, e o casal também formará uma combinação única. Assim, quando há problema no casamento, "cada caso é um caso", mas nem por isso se pode dizer que a relação matrimonial não pode ser orientada por princípios gerais. Encontramos esses princípios por toda a Bíblia, e eles podem, sim, ser a receita de um casamento vitorioso.

1. O CASAMENTO NOS DIAS DE HOJE

Les e Leslie Parrott, em seu livro *Casamento: sete perguntas que você deve fazer antes e depois de casar*, apresenta este quadro:

> Vamos ser francos. O voto matrimonial "até que a morte nos separe", feito na hora da troca de alianças, é cada vez mais irônico. Na década de trinta, um entre sete casamentos terminou em divórcio. Na de sessenta, a proporção era de um para quatro. Dos 2,4 milhões de pessoas que se casarão este ano (1995) nos Estados Unidos, provavelmente menos de 50% delas continuarão casadas. Para muitos casais, o casamento tornou-se "até que o divórcio nos separe".

Capítulo 13

Quem se casa hoje em dia está se arriscando. Mais de duzentos mil novos casamentos por ano terminam antes do segundo aniversário. Depois de jogar o buquê da noiva e devolver o *smoking* alugado, os casais em geral imaginam que serão felizes juntos. Mas um estudo sobre recém-casados revelou que 49% têm sérios problemas conjugais. Metade dessas pessoas já duvidava se seu casamento ia durar.

2. Soluções

Quase vinte anos depois de lançamento do livro de Les e Leslie Parrott, a situação não melhorou. Pelo contrário. Investidas cada vez mais incisivas contra a família tradicional e contra os valores bíblicos, como já mencionamos, só agravam a situação. Mas vamos recomendar algumas atitudes que podem ajudar e até mesmo salvar seu casamento.

A. Seja fiel

A questão da fidelidade conjugal é contemplada nos Dez Mandamentos: "Não adulterarás. Não cobiçarás a mulher do teu próximo" (Êxodo 20:14,17). No Novo Testamento, Cristo amplia o significado do texto da Lei: "Vocês ouviram o que foi dito: 'Não adulterarás'. Mas eu digo: Qualquer um que olhar para uma mulher e desejá-la, já cometeu adultério com ela no seu coração" (Mateus 5:27-28). Paulo acrescenta: "Não se deixem enganar: nem imorais, nem idólatras, nem adúlteros [...] herdarão o Reino de Deus" (1Coríntios 6.9-10).

Às vezes, no meio de uma crise conjugal, a pessoa se sente tentada a trair o cônjuge como vingança. Atualmente, a Internet tem sido palco de muitas traições virtuais. As redes sociais estão repletas de troca de mensagens comprometedoras. Se você acha que esse tipo de traição não tem maiores consequências, leia de novo o que Jesus diz no parágrafo anterior. Além disso, muitas traições começam na Internet e terminam em relação física.

B. Jamais apele para a violência

Já tratei na igreja de casos de marido que batia na mulher. É algo inaceitável, principalmente num lar cristão. Mas a violência não é só física: as palavras podem causar muito mais danos que um tapa.

A Bíblia não deixa dúvida sobre o poder das palavras: "A língua tem poder sobre a vida e sobre a morte" (Provérbios 18:21). Tiago destaca o seu poder destrutivo: "A língua é um fogo; é um mundo de iniquidade. Colocada entre os membros do nosso corpo, contamina a pessoa por inteiro, incendeia todo o curso de sua vida, sendo ela mesma incendiada pelo inferno" (Tiago 5:6).

Posso imaginar o sofrimento de Jó quando, em meio a uma doença terrível, depois de perder os seus filhos e os seus bens, ainda ouviu da própria mulher: "Você ainda mantém a sua integridade? Amaldiçoe a Deus, e morra!" (Jó 2:9). Há maridos e mulheres que alimentam a mágoa durante anos por uma simples palavra que um dia ouviram do seu cônjuge.

Cuidado com o que você diz, principalmente durante as discussões ou na hora de "lavar a roupa suja". A palavra dita é como a flecha lançada: não há como apanhá-la de volta. E você terá muito trabalho para consertar a situação, porque "um irmão ofendido é mais inacessível do que uma cidade fortificada, e as discussões são como as portas trancadas de uma cidadela" (Provérbios 18:19).

C. Não corte a comunicação

Como disse anteriormente, há maridos e mulheres que se deixam corroer pela mágoa durante anos. A razão disso é que falta comunicação entre o casal.

Os dias em que vivemos já dificultam a conversação, mas o pouco tempo livre, que poderia ser aproveitado pelo casal para fazer planos, trocar ideias e melhorar a relação, é muitas vezes inteiramente gasto no smartphone e no computador. Parece ser mais interessante assistir a vídeos de gatinhos ou ver fotos de amigos do que zelar pela saúde do casamento.

Há "tempo de calar e tempo de falar" (Eclesiastes 3:7), mas parece que alguns casais só conhecem a primeira parte do versículo. A falta de comunicação mata o casamento, e marido e mulher devem estar sempre atentos e usar o poder das palavras para abençoar aquele ou aquela que é carne de sua carne: "A palavra proferida no tempo certo é como frutas de ouro incrustadas numa escultura de prata" (Provérbios 25:11).

D. CONTROLE SUAS FINANÇAS

Jesus disse: "Qual de vocês, se quiser construir uma torre, primeiro não se assenta e calcula o preço, para ver se tem dinheiro suficiente para completá-la?" (Lucas 14:28). Os problemas financeiros são umas das principais causas de casamentos desfeitos.

A família pode enfrentar uma crise financeira em caso de desemprego ou de algum motivo alheio à vontade do casal. Isso também pode levar à separação. Mas o grande problema reside na administração do orçamento doméstico. Há casais que ganham muito bem, mas estão sempre endividados, porque gastam mais do que podem, enquanto casais de baixa renda familiar conseguem viver vem.

A doutora Elizete Malafaia explica: "O segredo do sucesso financeiro da família não está no quanto eles ganham, mas em administrar de maneira sabia o que se ganha: fazendo um planejamento financeiro, tendo um orçamento doméstico bem elaborado, vivendo dentro da realidade financeira da família".

DESENCAMINHAMENTO DOS FILHOS

Na Oração Sacerdotal, Jesus declara acerca dos salvos: "O mundo os odiou, pois eles não são do mundo, como eu também não sou. Não rogo que os tires do mundo, mas que os protejas do Maligno" (João 17:14-15). Essa oração revela duas verdades: 1) não somos do mundo; 2) estamos no mundo. Isso significa que temos a proteção do alto, mas não vivemos numa redoma. Somos orientados pela Palavra de Deus, mas também podemos sofrer a influência do mundo. Isso nos impõe uma obrigação para com os nossos filhos em processo de amadurecimento. Ao mesmo tempo, temos uma garantia divina: "Instrua a criança segundo os objetivos que você tem para ela, e mesmo com o passar dos anos não se desviará deles" (Provérbios 22:6).

1. A SITUAÇÃO DOS FILHOS HOJE

Nossas crianças, mais que em qualquer outra época, são bombardeadas diariamente com ideologias e incitadas à rebeldia. Atualmente você corre o risco de expor seu filho à doutrinação *gay* e ao vício em drogas no ambiente escolar. Crianças são forçadas a uma independência que sua estrutura física, psicológica e espiritual ainda não permite. Leis estão sendo criadas para enfraquecer cada vez mais a influência dos pais sobre os filhos, como a "lei da palmada", contra a qual me insurgi.

2. SOLUÇÕES

As relações entre pais e filhos podem ser complicadas, e erros ocorrem de ambos os lados. A Bíblia recomenda: "Filhos, obedeçam a seus pais no Senhor, pois isso é justo" (Efésios 6:1); "Pais, não irritem seus filhos; antes criem-nos segundo a instrução e o conselho do Senhor" (Efésios 6:4). Para ter filhos vencedores, alguns conselhos úteis das Escrituras aos pais:

Capítulo 13

A. Nunca demonstre favoritismo

Há pais que disfarçada ou abertamente têm preferência por um filho em detrimento dos outros. Ele ganha os melhores presentes, é enviado às melhores escolas, e assim por diante. Jacó cometeu esse erro: "Ora, Israel gostava mais de José do que de qualquer outro filho, porque lhe havia nascido em sua velhice; por isso mandou fazer para ele uma túnica longa". O resultado foi este: "Quando os seus irmãos viram que o pai gostava mais dele do que de qualquer outro filho, odiaram-no e não conseguiam falar com ele amigavelmente" (Gênesis 37:3-4).

Os filhos preteridos ficam confusos e revoltados. Como escrevi em meu livro *Bons pais, filhos melhores*, eles ficam predispostos a atitudes mais perigosas, como "baixa autoestima, ódio, desejo de vingança, dissimulação, mentira, incapacidade de expressar amor, predisposição para o isolamento, fuga e a busca de amizades fora do círculo familiar".

B. Vigie as amizades de seus filhos

Você não deve ser controlador, mas também não pode deixar que seus filhos vivam como bem quiserem. Paulo adverte: "Não se deixem enganar: 'As más companhias corrompem os bons costumes.'"

Esteja atento às influências que seus filhos possam estar recebendo de amigos e colegas de escola e de trabalho. Outra versão do versículo citado acima diz: "As más *conversações* corrompem os bons costumes." Não podemos nos esquecer que vivemos o tempo das mensagens eletrônicas e das redes virtuais. O fato do filho se trancar no quarto com um computador deve ser um sinal de alerta para qualquer pai ou mãe. Nos casos extremos, aqueles jovens norte-americanos que chacinaram colegas de escola, a maioria tinha esse comportamento. Outro fator a levar em conta é que os pedófilos costumam usar a Internet para aliciar suas vítimas.

C. Aplique a disciplina

As Escrituras justificam a disciplina: "A insensatez está ligada ao coração da criança, mas a vara da disciplina a livrará dela" (Provérbios 22:15). No entanto, não se esqueça que não há disciplina sem amor. Qualquer castigo aplicado com raiva anula o efeito educativo. Ross Campbell, em seu livro *Como realmente amar seu filho*, lembra que "o castigo não passa de uma parte do método e quanto menos for aplicado, melhor. Lembre-se sempre desta afirmação: quanto melhor disciplinada a criança, tanto menos precisará de castigo".

D. Converse com seu filho

Na complicada família de Davi, Absalão matou seu irmão Amnom, porque este havia estuprado Tamar, irmã deles. Para evitar a ira do pai, Absalão fugiu para outro país. O filho de Davi só teve permissão para voltar três anos depois, ainda assim pela intercessão de um amigo, Joabe. Depois que regressou, só conseguiu falar com o pai dois anos depois. Houve cinco anos de silêncio entre pai e filho (2Samuel 13 e 14).

Há pais que nunca têm tempo para ouvir os filhos ou não tomam a iniciativa de conversar com eles. Isso provoca o afastamento de ambos. Como consequência, o filho deixará de confiar no pai ou na mãe quando tiver um problema, e provavelmente se aconselhará com alguém de fora.

Capítulo 14

Para liderar de forma vitoriosa

"Em Israel nunca mais se levantou profeta como Moisés, a quem o Senhor conheceu face a face, e que fez todos aqueles sinais e maravilhas que o Senhor o tinha enviado para fazer no Egito, contra o faraó, contra todos os seus servos e contra toda a sua terra. Pois ninguém jamais mostrou tamanho poder como Moisés nem executou os feitos temíveis que Moisés realizou aos olhos de todo o Israel" (Deuteronômio 34:10-12). A humanidade claramente se divide entre líderes e liderados. Líder é alguém que, com suas palavras e ações, exerce influência sobre outras pessoas. Quando olhamos para a Bíblia, encontramos ali grandes líderes: José do Egito; Moisés, o maior líder da história de Israel; Débora, que se destacou no tempo dos juízes; Davi, o rei mais popular da nação; os profetas e muitos outros.

No entanto, a liderança vitoriosa demanda certas virtudes para que a tarefa de liderar seja cumprida com sucesso. Há pessoas que têm o dom da liderança, mas apresentam deficiência em alguma área e acabam por não conseguir realizar um trabalho significativo ou mesmo fracassar. Como em qualquer atividade humana, o líder precisa de aprimoramento. Neste capítulo, analisaremos algumas virtudes que caracterizam as lideranças bem-sucedidas.

Visão

O líder precisa ter visão, e não falo daquela forma de comunicação divina comum entre os profetas. Henry e Richards Blackaby, em seu livro *Liderança espiritual*, assim definem a visão a que me refiro:

> A visão é a estrela polar das organizações, ajudando líderes em cada situação enquanto eles seguem com o povo. Portanto, qualquer organização que não tem uma visão clara de para onde está indo corre o risco de se perder e não cumprir seu propósito. [...] Walt Disney tinha uma visão ampla — fazer as pessoas felizes — e redefiniu a indústria do entretenimento. Henry Ford buscou a democratização do automóvel, resultando num prodigioso império automotivo.

O líder que não enxerga longe está fadado a conduzir os seus liderados a lugar nenhum. No site da Associação Vitória em Cristo, deixei expressa nossa visão: "Levar a Palavra de Deus para o maior número de pessoas, no Brasil e no exterior, cooperando com a Igreja a fim de cumprir o ide de Jesus (Marcos 16:15), para que seja possível formar uma sociedade mais harmônica a partir dos ensinamentos de Cristo." Tudo que fazemos é orientado por essa visão, e assim já temos grandes igrejas nas mais importantes cidades do país.

Moisés teve uma clara visão de sua tarefa entre os israelitas. No monte Horebe, Deus lhe revelou: "Desci para livrá-los das mãos dos egípcios e tirá-los daqui para uma terra boa e vasta, onde há leite e mel com fartura: a terra dos cananeus, dos hititas, dos amorreus, dos ferezeus, dos heveus e dos jebuseus" (Êxodo 3:8). Foi como o objetivo de cumprir essa visão que Moisés dedicou quarenta anos de sua vida e se tornou o maior líder do mundo.

Se algo não vai bem com sua liderança, se sua igreja não cresce ou se você parece estar andando em círculos, apenas cansando o povo, experimente colocar no papel a visão de seu ministério e a partir de então se orientar por ela.

Apenas ressalto que definir a visão não é o suficiente. Você precisa comunicá-la ao povo, a fim de que eles se venham a se engajar na tarefa. Depois de ter em mente a visão de sua tarefa, Moisés precisou comunicá-la ao povo de Israel. Para isso,

> [Moisés] contou a Arão tudo o que o Senhor lhe tinha mandado dizer e prosseguiu falando de todos os sinais milagrosos que o Senhor lhe havia ordenado realizar. Assim Moisés e Arão foram e reuniram todas as autoridades dos israelitas, e Arão lhes contou tudo o que o Senhor dissera a Moisés. Em seguida, Moisés também realizou os sinais diante do povo, e eles creram. Quando o povo soube que o Senhor decidira vir em seu auxílio, tendo visto a sua opressão, curvou-se em adoração.
>
> Êxodo 4:28-31

Caráter

O cargo de liderança em si pode despertar respeito nas pessoas, porém a liderança que esse cargo exige só será eficaz se o líder for uma pessoa de caráter. Há pessoas que usam a força do cargo para chantagear, tirar proveito financeiro e até para obter favores sexuais. Numa de suas parábolas, Jesus relata o seguinte:

> Quem é, pois, o servo fiel e sensato, a quem seu senhor encarrega dos demais servos de sua casa para lhes dar alimento no tempo devido? Feliz o servo que seu senhor encontrar fazendo

Capítulo 14

assim quando voltar. Garanto que ele o encarregará de todos os seus bens. Mas suponham que esse servo seja mau e diga a si mesmo:"Meu senhor está demorando", e então comece a bater em seus conservos e a comer e a beber com os beberrões. O senhor daquele servo virá num dia em que ele não o espera e numa hora que não sabe. Ele o punirá severamente e lhe dará lugar com os hipócritas, onde haverá choro e ranger de dentes.

Mateus 24:45-51

As atitudes que mencionei anteriormente e o comportamento do "servo mau" são exemplos de líderes sem caráter, que usam a força do cargo para a apascentar a si mesmos. O líder de caráter usa o poder em benefício de todos. O líder sem caráter abusa do poder.

O líder muitas vezes diz a coisa certa, mas perde a credibilidade quando sua vida contradiz suas palavras. Referindo-se aos líderes religiosos de sua época, Jesus declarou:"Obedeçam-lhes e façam tudo o que eles dizem a vocês. Mas não façam o que eles fazem, pois não praticam o que pregam" (Mateus 23:3).

Todos os dias lemos no jornal ou assistimos na TV casos de líderes políticos, eclesiásticos ou do mundo dos negócios envolvidos em algum escândalo. Por mais capacitados que sejam esses líderes, os erros que cometem na vida pessoal acabam por prejudicar sua liderança.

O líder cristão em especial tem o dever de apresentar diante de todos, na igreja e fora dela, um caráter ilibado e uma conduta que não dê margens a críticas. É óbvio que certas críticas são normais contra alguém que se expõe para afirmar seus ideais. Elas partem de opositores e algumas apenas expressam divergências. Outras, no entanto, podem ser caluniosas. Cristo foi acusado falsamente (Mateus 26:59-61). A carta aos Gálatas foi escrita em parte por causa de alguns judaizantes que estavam questionando a autenticidade do ministério de Paulo.

Todo líder cristão está sujeito a esse tipo de provação, mas, como diz Pedro,"se algum de vocês sofre, que não seja como assassino, ladrão, criminoso, ou como quem se intromete em negócios alheios. Contudo, se sofre como cristão, não se envergonhe, mas glorifique a Deus por meio desse nome" (1Pedro 4:15-16).

TOMADA DE DECISÕES

Os líderes de nações poderosas tomam decisões que podem afetar positiva ou negativamente a vida de milhões de pessoas ou mudar a história de um país. Uma das responsabilidades fundamentais dos líderes é a tomada de decisão. Quem não tem a capacidade de tomar decisões não pode liderar.

Essa questão é bastante sensível, a ponto ser bem comum o líder recorrer à opinião de outras pessoas antes de tomar uma decisão importante. A própria Bíblia aconselha essa prática: "Os planos fracassam por falta de conselho, mas são bem-sucedidos quando há muitos conselheiros" (Provérbios 15:22). Mesmo assim, depois de ouvir especialistas, amigos ou o povo, a decisão é dele.

As duas virtudes que destacamos anteriormente são essenciais aqui, embora, é claro, não sejam as únicas. Quando há visão clara e definida, as decisões se tornam mais fáceis, porque o líder sabe exatamente o que deseja e assim terá mais chances de tomar as decisões certas para alcançar os seus objetivos. O líder de caráter buscará a melhor opção para seus liderados e assumirá a responsabilidade caso não tenha tomado a melhor decisão.

Há líderes que tomam decisões insensatas sem medir as consequências. O rei Saul certa vez proclamou o jejum a um exército exausto da batalha e na iminência de outro embate. Ele decretou: "Maldito seja todo o que comer antes do anoitecer, antes que eu tenha me vingado de meus inimigos!" (1Samuel 14:24). Essa decisão desastrada quase resultou na execução de um dos melhores guerreiros de Israel, seu filho Jônatas.

Capítulo 14

Outros tomam decisões e decretam leis que eles mesmos não pretendem cumprir. Os líderes religiosos dos tempos de Jesus eram especialistas nesse tipo de coisa: "Eles atam fardos pesados e os colocam sobre os ombros dos homens, mas eles mesmos não estão dispostos a levantar um só dedo para movê-los" (Mateus 23:4).

Há casos em que o líder precisa tomar decisões cruciais e não há tempo para reunir conselheiros. É aí que pesa a vocação. Quando Jacó, após longos anos de separação, estava a caminho de se reencontrar com seu irmão Esaú, ele soube que este vinha ao seu encontro com um exército de quatrocentos homens. Pensando na preservação de suas famílias e de seus liderados ele imediatamente tomou uma decisão: "Dividiu em dois grupos todos os que estavam com ele, bem como as ovelhas, as cabras, os bois e os camelos, pois assim pensou: 'Se Esaú vier e atacar um dos grupos, o outro poderá escapar'" (Gênesis 32:7-8).

Como servos de Deus, podemos contar também com a orientação divina. Ele não nos deixara na mão diante das dificuldades. Ele agirá, como fez para livrar o povo diante do mar Vermelho, espremido entre montanhas e acuado pelo exército egípcio. "Disse então o SENHOR a Moisés: 'Por que você está clamando a mim? Diga aos israelitas que sigam avante'" (Êxodo 14:15).

CAPACIDADE PARA SOLUCIONAR PROBLEMAS

Quem é líder sabe que os problemas surgem a toda hora, sem aviso, e de todos os lados. Tudo parece bem, "há paz e segurança", então vem a bomba. A pessoa ou empresa em quem você confiou para a elaboração de um importante projeto não cumpre sua parte e ainda fica com o dinheiro que você investiu. Uma pessoa que é um elemento-chave em sua organização é apanhada num escândalo e você se vê diante de uma imensa lacuna em seu organograma. Seja o que for, a solução do problema é responsabilidade sua.

Um líder com dificuldades para solucionar problemas pode pôr abaixo em questão de horas os sonhos de muita gente acalentados por muitos anos. Por isso, se você é um líder nato, aperfeiçoe essa virtude, por que precisará dela o tempo todo.

Durante a reconstrução dos muros de Jerusalém, Neemias viu-se diante de um problema aparentemente insolúvel. O povo, exausto, mostrava-se desanimado diante do grande volume de trabalho que ainda o aguardava. Além disso, corriam o risco permanente de serem atacados por inimigos, estes bastante motivados e dispostos a impedir a obra e a massacrar os judeus. Aquele grande líder, porém, não se deixou abater e tomou esta decisão, que se mostrou eficaz:

> Posicionei alguns do povo atrás dos pontos mais baixos do muro, nos lugares abertos, divididos por famílias, armados de espadas, lanças e arcos. [...] Daquele dia em diante, enquanto a metade dos meus homens fazia o trabalho, a outra metade permanecia armada de lanças, escudos, arcos e couraças. Os oficiais davam apoio a todo o povo de Judá que estava construindo o muro. Aqueles que transportavam material faziam o trabalho com uma das mãos e com a outra seguravam uma arma, e cada um dos construtores trazia na cintura uma espada enquanto trabalhava; e comigo ficava um homem pronto para tocar a trombeta.
>
> Neemias 4:13,16-18

Há problemas que não são repentinos e demandam do líder a capacidade de execução a médio e a longo prazo para solucioná-los. Antes de assumir o trono de Israel, Salomão recebeu de seu pai, Davi, a incumbência de executar juízo contra determinadas pessoas que haviam prejudicado Davi. Salomão ficou atento às oportunidades e no devido tempo agiu para cumprir aquela tarefa. Como resultado, "o reino ficou bem estabelecido nas mãos de Salomão" (1Reis 2:46).

Capítulo 14

CAPACIDADE DE SE ADAPTAR ÀS MUDANÇAS

A ideia de mudar provoca arrepios em muita gente, porque a mudança arranca a pessoa de sua zona de conforto e a transporta para o desconhecido. Em março de 2010, fui indicado por unanimidade pelo ministério da Assembleia de Deus na Penha para assumir a presidência daquela igreja, no lugar do saudoso pastor José Santos, meu sogro. Minha gestão resultou em algumas mudanças importantes, até no nome da igreja, que passou a se chamar Assembleia de Deus Vitória em Cristo. Mas, pela graça de Deus, o povo recebeu de bom grado as mudanças, e atualmente reunimos um grande número de pessoas em nossos templos espalhados por várias cidades do país.

As mudanças se fazem necessárias, às vezes, nem sempre por se estar no caminho errado, mas porque as circunstâncias exigem. Nos tempos de José, o Egito, depois de sete anos de fartura, enfrentou uma fome severa de sete anos. José, que estava à testa da economia nacional, organizou-se para enfrentar a nova situação:

> Não havia mantimento em toda a região, pois a fome era rigorosa; tanto o Egito como Canaã desfaleciam por causa da fome. José recolheu toda a prata que circulava no Egito e em Canaã, dada como pagamento do trigo que o povo comprava, e levou-a ao palácio do faraó. Quando toda a prata do Egito e de Canaã se esgotou, todos os egípcios foram suplicar a José: 'Dá-nos comida! Não nos deixes morrer só porque a nossa prata acabou'. E José lhes disse:'Tragam então os seus rebanhos, e em troca lhes darei trigo, uma vez que a prata de vocês acabou'. E trouxeram a José os rebanhos, e ele deu-lhes trigo em troca de cavalos, ovelhas, bois e jumentos. Durante aquele ano inteiro ele os sustentou em troca de todos os seus rebanhos. O ano passou, e no ano seguinte voltaram a José, dizendo: 'Não

temos como esconder de ti, meu senhor, que uma vez que a nossa prata acabou e os nossos rebanhos lhe pertencem, nada mais nos resta para oferecer, a não ser os nossos próprios corpos e as nossas terras'. [...] . Assim, José comprou todas as terras do Egito para o faraó. Todos os egípcios tiveram que vender os seus campos, pois a fome os obrigou a isso. A terra tornou-se propriedade do faraó.

Gênesis 47:13-18,20

Observe que novas situações foram surgindo à medida que a escassez de alimentos se agravava, e José agiu com sabedoria em todos os momentos. Não se deve inovar por mero capricho, pois mudanças sem objetivo trazem confusão e desgastes desnecessários para a liderança. Mas não devemos temer as mudanças quando forem saudáveis ou necessárias.

CAPACIDADE DE TRANSFORMAR SONHOS EM REALIDADE

Não adianta o líder ter visão, caráter e outras virtudes se o povo não vê os sonhos dele, aos quais também se engajaram, transformados em realidade. Lemos em Provérbios 13:12: "A esperança que se retarda deixa o coração doente, mas o anseio satisfeito é árvore de vida."

O líder que só faz promessas, sem jamais cumpri-las, levará o povo ao desânimo e ficará desacreditado. Em contrapartida, o líder que atinge seus objetivos conquista o coração do povo. Steven K. Scott comenta: "Podemos trazer uma nova fonte de energia para o trabalho, o casamento e a vida se pararmos de adiar esperanças e nos concentrarmos em ajudar os outros a realizar seus sonhos, desejos e necessidades. Isso aumentará o ânimo, a dedicação, a criatividade e a produtividade de todos" (*Salomão, o homem mais rico que já existiu*).

Capítulo 14

ORAÇÃO

Não podemos falar de liderança cristã sem mencionar a oração. A Bíblia registra orações de grandes líderes: Jacó (Gn 32:9-12); Moisés (Números 26:10); Elias (1Reis 18:36-37); Neemias (Neemias 1:5-10); Daniel (Daniel 9:1-19) e muitos outros. A oração é um maravilhoso recurso para o líder. Devemos cultivar a intimidade com Deus a ponto de podermos exercer nossa liderança com a orientação dele.

Certa ocasião, ameaçado pelo exército de Saul, que o perseguia, Davi consultou ao Senhor:

> "Ó Senhor, Deus de Israel, este teu servo ouviu claramente que Saul planeja vir a Queila e destruir a cidade por minha causa. Será que os cidadãos de Queila me entregarão a ele? Saul virá de fato, conforme teu servo ouviu? Ó Senhor, Deus de Israel, responde-me". E o Senhor lhe disse: "Ele virá". E Davi, novamente, perguntou: "Será que os cidadãos de Queila entregarão a mim e a meus soldados a Saul?" E o Senhor respondeu: "Entregarão". Então Davi e seus soldados, que eram cerca de seiscentos, partiram de Queila, e ficaram andando sem direção definida.
>
> 1Samuel 23:10-13

O líder cristão não deve apenas orar por questões específicas, mas ter uma vida de oração, como Daniel, que orava três vezes ao dia (Daniel 6:10). Desse modo, a orientação divina virá também quando não for solicitada. Paulo, certa vez, foi impedido pelo Espírito Santo de realizar um trabalho evangelístico na Ásia (Atos 16:6). Em outro momento, o mesmo Espírito o induziu a seguir para a Selêucia e para a ilha de Chipre (Atos 13:4). Deus sempre acompanhará de perto a liderança que se apoia na oração.

Capítulo 15

A vitória do Senhor em minha vida

Quero dedicar o último capítulo deste livro narrando um pouco de minha trajetória de vida e de fé, e como o Senhor tem me concedido vitórias. Pela graça de Deus, fui criado em um lar cristão. Lembro-me de que meu pai, pastor Gilberto Gonçalves Malafaia, e minha mãe, Albertina Lima Malafaia, sempre realizavam o culto doméstico, de modo que meus irmãos e eu crescemos impregnados da santa influência da Palavra de Deus. Minha mãe é uma professora nata. Ela sempre teve graça e capacidade para contar histórias dos heróis da Bíblia. Eu particularmente gostava de ouvir sobre Daniel, Davi, Josué e Paulo, cujas histórias, aliás, servem de base para este livro.

A Bíblia diz que os pais tementes a Deus devem ensinar seus filhos sobre o caminho em que devem andar, e assim foi comigo. Portanto, minha trajetória de vida começou com a educação espiritual e moral, e desde a tenra idade tive despertados em meu coração o temor do Senhor e o desejo pelas coisas espirituais.

Acredito que me ajudou muito o fato de o meu pai ter sido sempre um empreendedor e um sonhador. Ele sempre teve projetos, e eu, como

Capítulo 15

o mais novo dos filhos homens, estava sempre mais próximo dele. Meus irmãos mais velhos foram para a Escola Militar, e eu fiquei mais tempo com meu pai, recebendo dele uma carga de influências positivas.

Com o pastor Gilberto aprendi a acreditar sempre, a seguir em frente, a pensar maior do que a nossa capacidade e a projetar coisas grandes. Ele sempre me dizia: "Se Deus é grande, podemos pensar grande." Essas palavras foram penetrando pouco a pouco no meu coração. A partir daí, comecei a ter sonhos e passei a visualizá-los.

Lembro-me de uma vez em que estava com um amigo de infância, o Fernando Monteiro. Eu tinha uns 15 anos, e havíamos saído para fazer uma visita, quando eu lhe disse: "Fernando, se um dia Deus me chamar para sua obra, não quero ser um pastor a mais, mas quero fazer diferença. Quero fazer alguma coisa especial." Então, comecei a sonhar desde cedo e a trabalhar com a juventude da igreja. Com apenas 15 anos, eu já fazia compras de instrumentos e equipamentos e realizava campanhas na igreja. E, com 19 anos, eu sentia que o Senhor me chamava para sua obra.

É muito importante visualizar o que desejamos. Muitos já me ouviram dizer: "Quem não sonha, não chega a lugar algum." Quem sonha chega a algum lugar; pode não chegar ao lugar sonhado, mas em algum lugar vai chegar. Essa é a vantagem de sonhar, de projetar e visualizar em nossa mente aquilo que desejamos para a construção da história da vida. Aprendi em minha trajetória, nos momentos de crise e de grandes dificuldades que passei, a deslocar o meu olhar para o amanhã. Isso significa que a situação pode estar feia no momento, mas, lá na frente, a vitória está à nossa espera.

Aprendi a fixar meu olhar para algum sonho ou para algum desejo que estava à minha frente, mesmo que ainda não o tivesse conquistado. Com essa atitude, consegui superar os impactos e a força das adversidades.

A VITÓRIA NA TV

Quando eu tinha uns vinte anos de idade, comecei a me interessar pela televisão. Naquela época, eram exibidos no Brasil programas de televangelistas americanos, e eu ficava fascinado com o poder do alcance da Palavra de Deus pregada pela TV. Comecei a procurar oportunidades de entrar naquele veículo para levar a mensagem do Evangelho. E assim nasceu o programa *Renascer*, embrião do que é hoje o *Vitória em Cristo*. O mais interessante é que eu provenho de uma denominação — a Assembleia de Deus — que durante muitos anos não permitia que seus fiéis assistissem à televisão. Era praticamente um tabu na igreja. Lembro-me de que, quando comecei a pregar na TV, determinado ministério das Assembleias de Deus no Brasil chegou a enviar um abaixo-assinado com nomes de trezentos pastores, pedindo minha saída da televisão. Nossa iniciativa foi pioneira na Assembleia de Deus.

Mas televisão é um veículo muito caro. Passei muitas dificuldades nos primeiros anos de programa. Cheguei até a vender o meu carro para pagar a produção e os horários. Contudo, aprendi algo nessa história de sonhos e projetos que, por maior que seja a dificuldade, não devemos desistir nunca. Deus é um Deus de vitória! Então, por pior que seja o seu momento, por mais lutas que você enfrente, se você tem um sonho, se foi Deus quem o plantou em seu coração e confirmou isso, não desista.

É claro que não foi fácil. Certa vez, fui parar no hospital com uma crise de hipertensão. Cheguei a colocar sangue pelo nariz. Estava sob um estresse muito grande, com as demandas ministeriais e ainda por cima o compromisso com a TV. Mas aprendi algo nessa história de sonhos e projetos: por pior que seja o momento, não devemos desistir. Já ouvi a expressão: "O bom é inimigo do melhor." Concordo plenamente.

Eu nunca digo que determinada coisa está boa. Sei que pode melhorar. Então, devemos sonhar sempre, confiar no Senhor, fazer o que nos cabe e esperar alcançar o excelente.

Capítulo 15

A VITÓRIA NA SUBMISSÃO

Tenho aprendido que é impossível ser vitorioso sem submissão. Ao longo de meu ministério, o Senhor tem me mostrado a importância de estar submetido à autoridade espiritual. Aprendi a sempre honrar a minha igreja e o pastor que me deu oportunidades. Isso é muito importante. Não existe homem sem história, nem história sem homem. Você precisa ter uma história. Quem é você? De onde você surgiu? Qual a sua história? Quem influenciou sua vida?

Devido à minha visibilidade na mídia, já recebi diversos convites para abrir igrejas, mas sempre mantive como referencial a necessidade de honrar o pastor José Santos (1927-2010) e a Assembleia de Deus na Penha (atual Assembleia de Deus Vitória em Cristo), no Rio de Janeiro, que me deram oportunidades na vida a fim de que eu pudesse ser o que sou hoje — evidentemente, com a graça, a bondade e o favor de Deus. O Brasil sempre soube que o pastor Silas Malafaia era membro dessa igreja, que hoje tenho o privilégio de presidir.

A VITÓRIA SOBRE O DINHEIRO

Acredito que um elemento muito importante com relação ao meu ministério é o fato de eu ser liberal nas questões financeiras. Desde pequeno ouvia falar das dificuldades da igreja e de como o dinheiro tinha um papel importante nesse processo. Ainda em minha adolescência, dizia: "Senhor, o dinheiro não vai governar a minha vida nem dominar-me; quem vai governar o dinheiro sou eu. Senhor, não permita que o dinheiro seja o meu deus."

Para que o dinheiro não se transforme em nosso deus, temos de praticar um princípio que está na Bíblia: a liberalidade. Ela é uma demonstração real e concreta de que o dinheiro não é o mais importante para você, não governa sua vida e de que o seu coração não está nele.

Todos sabem que é impossível viver sem dinheiro, e que ele ocupa um papel fundamental em nossa existência. Mas há uma diferença entre você usar o dinheiro e o dinheiro usar você. Por isso, acredito que uma das leis mais importantes do Reino de Deus é a lei da liberalidade. A Bíblia diz: "Dai, e ser-vos-á dado" (Lucas 6:38). Jesus também disse: "Portanto, tudo o que vós quereis que os homens vos façam, fazei-lho também vós, porque esta é a lei e os profetas" (Mateus 7:12). E Paulo, na sua espístola aos cristãos da Galácia, afirma: "Tudo o que o homem semear, isso também ceifará" (Gálatas 6:7).

Pela lei da semeadura, você só pode colher o que plantou. E essa é uma maneira de você manifestar ao mundo espiritual que o dinheiro não governa sua vida, demonstrando que você acredita e depende de Deus. O que você tem é providência divina, e ele é poderoso para suprir suas necessidades.

Tenho desfrutado do prazer e da honra de exteriorizar a minha liberalidade por meio das ofertas à igreja. Sempre me perguntei se a maneira como gasto dinheiro comigo é proporcional ao que estou ofertando na obra de Deus em minhas contribuições. Quando oferto ao Senhor, tenho a certeza de que Deus está vendo a maneira como gasto meu dinheiro e como invisto na expansão de seu Reino.

Minha vida tem sido um milagre constante. O programa de televisão, a equipe e as demais coisas que tenho hoje, tudo isso me dá a certeza de que estou colhendo o que plantei. Entretanto, durante 14 anos pratiquei a liberalidade, e nunca vi acontecer nada. Eu ofertava, dava o dízimo, era fiel; cheguei a pegar dinheiro emprestado no banco para ofertar à igreja e a doar um carro como oferta, mas sempre vivi no aperto. De uma hora para outra, contudo, o Senhor começou a abrir portas para mim.

Muitas pessoas dão ofertas ao Senhor visando a seus próprios interesses; dão hoje na expectativa de receber amanhã. Mas a oferta é uma semente, como Paulo disse em 2Coríntios 9; e cada semente tem um tempo de maturação para brotar. Comigo foram 14 anos; com você,

Capítulo 15

podem ser três meses, um ano, vinte anos... Deus é quem sabe! Mas nunca deixei de ofertar e dar o dízimo, mesmo quando estava apertado. Mesmo sendo dizimista fiel e ofertante liberal, as coisas não aconteciam, e eu vivia no sufoco. Quando, porém, chegou o tempo de Deus, ele abriu as portas para mim.

Precisamos entender: Deus não precisa do tempo, ele usa o tempo porque conhece a nossa estrutura e sabe qual a melhor hora para recebermos. Se você tiver esse entendimento, fique tranquilo; no tempo de Deus você verá a bênção sobre sua vida. A vitória na área financeira depende de nossa fidelidade ao Senhor e de nossa paciência de esperar que ele aja. Se você praticar a Palavra, vai dar certo. O relógio da providência divina não anda atrasado nem adiantado; Deus sempre chega na hora certa.

A VITÓRIA COM OS AMIGOS

Para se construir uma trajetória vitoriosa, é necessário ter amigos. Sempre os tive. Amigo não é aquele que fala o que você quer ouvir, mas alguém que tem a liberdade de falar a verdade e de questioná-lo. Graças a Deus, soube construir uma boa relação com amigos! Sozinhos, não somos ninguém. É importante construirmos relacionamentos, pois somos seres sociais e precisamos disso.

Também é importante colaborar com outros ministérios. Não podemos de modo nenhum ser egoístas com aquilo que o Senhor nos tem dado. Isso significa que aquilo que aprendemos, as oportunidades que conseguimos e os patamares melhores e maiores que conquistamos devem ser partilhados com outros.

É de suma importância na vida cristã e faz parte de uma trajetória vitoriosa colaborar com os outros, ajudar e compartilhar suas vitórias. Isso para mim tem sido uma coisa boa e motivo de bênção de Deus.

A VITÓRIA NA FAMÍLIA

Tenho absoluta certeza de que nenhuma pessoa pode ser plenamente vitoriosa se não tiver uma boa família. Refiro-me especificamente à família nuclear, isto é, pai, mãe e filhos. Estou absolutamente certo de que grande parte de minhas conquistas, além da ajuda de Deus, devem ser tributadas à minha esposa, Elizete Malafaia, que tem sido uma companheira maravilhosa, e a meus filhos Silas, Talita e Taísa.

Se você não tiver um relacionamento conjugal sadio e uma família harmoniosa, nunca estará satisfeito com suas conquistas, pois sentirá que está faltando algo. A família é primordial para a conquista de vitórias.

A VITÓRIA JUNTO À IGREJA

Toda a Bíblia Sagrada aponta na direção da comunhão entre os servos de Deus. Não por acaso, o cristão é conhecido como ovelha — afinal, as ovelhas são animais gregários, que não vivem fora de seus rebanhos, e necessitam ser pastoreadas. Então, estar ligado a uma igreja é fundamental para que o cristão possa desenvolver uma vida espiritual saudável, frutificar para o Reino e compartilhar as bênçãos de Deus.

Não importa se você tem elevado ou baixo nível social, ou se é letrado ou não pôde estudar; seja você jovem ou idoso, casado ou solteiro, homem ou mulher, se um dia você conheceu a Cristo, seu lugar é em sua igreja. A Palavra chama a Igreja de Corpo de Cristo, e não há vida fora do corpo.

Se você é cristão, precisa participar da *ekklesia*, a comunidade dos cristãos. A Igreja é a única organização neotestamentária reconhecida na Bíblia.

Capítulo 15

A VITÓRIA SOBRE O DESÂNIMO

Na minha trajetória de vida, nunca permiti que críticas, deboches ou opiniões negativas a meu respeito ou sobre meus projetos a favor do Reino de Deus fossem elementos de desânimo. No meu caso, acontece o contrário — tudo isso serve como força motivadora para provar o contrário e fazer ainda mais. Quando duvidaram que eu conseguiria pregar na televisão, ou que seria capaz de concluir um curso superior, dizendo que eu desistiria no meio do caminho, não permiti que tais impressões me paralisassem: usei-as para vencer em Deus.

Não aceite críticas, deboches ou menosprezos acerca daquilo que você está fazendo. Não abaixe a cabeça nem desanime, mas diga: "Vou lutar, vou correr atrás e batalharei para conquistar, e mostrarei às pessoas que elas estavam erradas e enganadas com respeito aos sonhos e aos projetos que Deus confirmou no meu coração." Acredito que nunca devemos nos conformar com aquilo que somos ou temos; pelo contrário, precisamos agir para melhorar cada vez mais.

Isso não significa viver em constante insatisfação. Há pessoas que nunca estão contentes. Eu fico alegre e satisfeito com as vitórias que o Senhor me tem concedido, mas, dentro de mim, sempre penso que há ainda mais por fazer. E é a própria Bíblia que nos exorta a alcançar a estatura do varão perfeito.

Conclusão

"Nada podemos contra a verdade, senão pela verdade" (2Coríntios 13:8).

Tenho um princípio de vida: não abrir mão da verdade. Se tiver certeza de que algo é verdadeiro, podem cair em cima de mim, pode o mundo se levantar contra, que não abrirei mão de estar ao lado da verdade.

Pela graça de Deus, temos chegado até aqui. Hoje, nosso ministério pela televisão alcança todo o território nacional e estamos na TV desde 1983. Nosso programa é o mais antigo e ininterrupto do segmento cristão na televisão brasileira. A editora do nosso grupo está em franco crescimento. Só tenho motivos para dizer: "Até aqui nos ajudou o Senhor." Tenho muitos projetos para a área editorial e desejo entrar em outros espaços na televisão. Tenho sonhos de organizar grandes cruzadas em várias cidades do Brasil. Não posso parar de sonhar. Acredito em uma coisa: enquanto estiver vivo, haverá projetos do Senhor para minha vida. Que seja assim também na sua.

Se você não sabe o que fazer para seguir em frente e alcançar a vitória, ore e peça a Deus, humildemente, uma direção — e ele lhe dará, pois os caminhos do Senhor são mais altos que os nossos

Conclusão

caminhos. Nunca deixe de buscar a vitória em Cristo, lembrando-se sempre de que, por maior que seja a adversidade, nosso Pai é maior.

Que Deus nos abençoe! E que ele cumpra em mim e em você aquilo que tem como propósito para nós. Desejo, de todo o coração, que esta obra o ajude a alcançar vitórias em nome de Jesus!

Guia de estudo do vencedor

Capítulo 1 — Grandes vitórias depois de grandes problemas

1. Por que Deus só cumpre suas promessas no tempo determinado?

_____
_____
_____

2. Cite e descreva em poucas palavras um dos três grandes problemas que o povo de Israel enfrentou logo após ter saído do Egito.

_____
_____
_____
_____
_____
_____

3. Qual o exato momento em que Deus começou a agir para livrar Israel da perseguição do exército egípcio?

_____
_____
_____

4. Por que Deus deixou que os israelitas chegassem àquela situação desesperadora no deserto?

_____
_____
_____

5. O que acontece quando Deus resolve fazer triunfar seus escolhidos?

_____
_____
_____

Olhe para você

a) Você está aguardando alguma promessa de Deus? Se está com dificuldades para entender o tempo de Deus, escreva os seus motivos. Se não está, explique as razões de sua confiança.

_____
_____
_____
_____
_____
_____
_____

b) É certo o ditado de que desgraça nunca vem sozinha? Relacione os problemas ligados à sua situação. Apresente a Deus cada um desses problemas.

_____
_____
_____
_____
_____
_____
_____

Capítulo 2 — Passo a passo para uma vida triunfante

1. Quais foram as pessoas mais usadas e abençoadas pelo Senhor na Bíblia?

_____
_____
_____

2. O que a ordem "Levanta-te e come", dada por Deus a Elias, significa para nós atualmente?

_____
_____
_____
_____
_____
_____

3. Por que, aos olhos de Deus, Gideão era um "varão valoroso"?

_____
_____
_____
_____

4. Por que Paulo fez questão de trabalhar em seu ofício de fazedor de tendas?

_____
_____
_____

5. Por que você deve aceitar qualquer porta de emprego que Deus lhe abre, ainda que não seja nas condições que você gostaria?

_____
_____
_____
_____
_____

6. Complete os espaços:
a) A maneira como você vê a vida vai determinar _____.
b) A maneira de pensar é determinante na nossa vida. Isso é verdade tanto em relação a aspectos _____, quanto a _____.
c) Quem deseja ser abençoado precisa não somente tomar a iniciativa de _____ e confiar no Senhor. É necessário, também, _____ a vida na Palavra de Deus.

OLHE PARA VOCÊ

a) O que você tem feito para conquistar sua bênção? Faça uma lista daquilo que você acha que ainda falta fazer.

_____
_____
_____
_____
_____
_____

b) Com que olhos você enxerga seu problema? Identifique os pontos negativos dessa visão e depois tente encará-lo da mesma forma que Davi enxergava Golias ou como Josué e Calebe analisaram os desafios da Terra Prometida.

_____
_____
_____
_____
_____
_____

c) Como você tem se comportado com respeito à dimensão espiritual? Em que poderia melhorar?

_____
_____
_____
_____
_____
_____

Capítulo 3 — A atuação de Deus

1. O que acontece quando Deus quer dar vitória a alguém?
___
___
___

2. O que é autoridade espiritual?
___
___
___
___
___

3. Complete os espaços:
a) A primeira característica de quem se submete à autoridade espiritual é _____.
b) A segunda característica é _____.
c) A terceira característica é _____.
d) A quarta característica é _____.

4. O que Lúcifer, o querubim ungido, não levou em conta depois que Deus lhe concedeu poder?
___
___
___

5. O que significa a promessa divina: "Serei contigo?"
___
___
___

6. Qual o grande mistério que não foi revelado no Antigo Testamento, de que Paulo fala em Colossenses 1:26-27?
_____
_____
_____
_____

7. Que profeta é um exemplo clássico de desobediência aos planos de Deus?
_____

OLHE PARA VOCÊ

a) Você se sente incapaz de realizar a obra de Deus ou tem medo de enfrentar seus inimigos? Faça uma lista de seus receios e busque na Bíblia textos que mostram como superá-los.

b) Como você analisa sua relação com a autoridade espiritual nestes quatro aspectos?
Obediência _____
_____
Predisposição para servir _____
_____
Submissão _____
_____
Lealdade _____
_____

CAPÍTULO 4 — O PRÊMIO DA MULHER QUE OUSOU CRER

1. Complete os espaços:
a) Seu drama, assim como o de Ana, não precisa de substituições — ele deve, isso sim, _____.

b) Não se iluda — o fato de crer em Jesus não é uma salvaguarda para o _____.

2. Diante da dificuldade, qual a diferença entre aquele que crê e serve a Deus e aquele que não crê?
_____
_____
_____
_____
_____

3. O que é esperança?
_____
_____

4. O que nos mostra o exemplo de fé e fidelidade de Ana?
_____
_____

5. O que fazer quando pedimos alguma coisa a Deus e não a recebemos?
_____
_____
_____
_____
_____
_____

6. Por que Deus às vezes não nos concede o que pedimos?

_____
_____
_____
_____
_____

OLHE PARA VOCÊ

a) Você tem usado de subterfúgios, como presentes, para compensar a falta de afeição por seu cônjuge ou sente que ele está fazendo isso com você? O que poderia ser feito para consertar essa situação?

_____
_____
_____
_____
_____

b) Você já fez algum voto a Deus e não cumpriu? Agora que você aprendeu sobre a seriedade de prometer alguma coisa a Deus, o que pretende fazer para cumpri-lo?

_____
_____
_____
_____
_____
_____

c) Caso seja impossível cumprir o voto que fez Deus, registre por escrito seu pedido de perdão e a promessa de não fazer outros votos de forma precipitada.

___

Capítulo 5 — O servo que se preocupou com a adversidade alheia

1. Que verdade significativa aprendemos ao ler as passagens bíblicas que descrevem os tempos difíceis em Jerusalém e as dificuldades enfrentadas pelo apóstolo Paulo em seu ministério?

___

2. Qual foi a reação de Neemias ao tomar conhecimento da situação de Jerusalém, e o que ele fez em seguida?

___

3. O que a análise introspectiva nos faz compreender?

___

4. Complete os espaços:
Aprenda com Neemias. Primeiro, reconheça a _____ de Deus; segundo, reconheça sua fragilidade e sua _____ terceiro, fale com _____ daquilo que você precisa.

5. O que o estado de espírito sempre negativo pode tirar de nós?
_____
_____
_____

6. Qual virtude de Neemias o levou a ganhar o favor do rei?
_____

7. Cite três qualidades humanas necessárias para se obter a vitória.
_____
_____
_____

Olhe para você

a) Como você avalia sua oração, com base nas três etapas da oração de Neemias? O que está faltando ou em que é preciso melhorar?
_____
_____
_____
_____
_____
_____
_____
_____
_____

b) Faça uma lista de todas as pessoas e/ou circunstâncias que você julga serem a causa de seus problemas. Em seguida, escreva o que você faria em cada caso se a responsabilidade fosse sua.

_____
_____
_____
_____
_____
_____
_____

Capítulo 6 — O perigo das pedras de tropeço

1. Cite dois exemplos de pessoas que o diabo usou para frustrar a promessa que está registrada em Gênesis 3:15.

_____
_____

2. O que acontece quando você se levanta e começa a construir sua vitória?

_____
_____
_____
_____
_____

3. Qual a postura correta diante do fato de que o inimigo está sempre ao nosso redor, rugindo como leão, e procurando a quem devorar?

_____
_____

4. Que tática usaram os inimigos de Neemias para enfraquecê-lo?

5. Complete os espaços:
a) Depois de a vitória ser conquistada, é preciso saber _____ as bênçãos.
b) O Senhor não abençoa ninguém para que se torne _____.
c) Quando Deus nos abençoa, é para que tenhamos condições de _____ a outros.

Olhe para você

a) Na situação pela qual você está passando, quais fatos você identifica como ação do inimigo?

b) Se você está aguardando uma bênção de Deus, como pretende repartir essa bênção com os outros?

___

Capítulo 7 — O exemplo de um vaso escolhido

1. Qual o primeiro aspecto que levou Paulo a viver em triunfo?

___

2. Que fato, pela leitura de Filipenses 4:12, chama a atenção na biografia de Paulo?

___

3. Como Paulo encarava as tribulações, as adversidades da vida?

___

4. Qual foi a reação de Paulo e de Silas após sofrerem castigos físicos e serem presos na cidade de Filipos?

___

5. Que objetivo, atualmente, os cristãos perderam de vista?
___
___
___

6. Que declaração de Paulo nos mostra que as coisas de Deus são objetivas?
___
___
___
___

7. Complete os espaços:
a) Paulo enfrentou tudo e chegou ao fim da vida sem abrir mão _____.
b) A _____ Paulo não se limitava a esta vida, mas abrangia a própria eternidade.
c) Paulo sabia que o _____ valia a pena.

OLHE PARA VOCÊ

a) Você já julgou uma pessoa sem conhecer a real situação dela e depois descobriu que estava errado? Já fizeram isso com você? Cite um exemplo de cada caso.
1. Julguei errado: ___
___
___
___
___
___
___

2. Julgaram-me errado _____
_____
_____
_____
_____
_____

b) De que forma a situação pela qual você está passando pode ser um instrumento de Deus para aprimoramento de sua vida espiritual?
_____
_____
_____
_____
_____
_____
_____
_____

c) Lembrar de coisas negativas é um empecilho às bênçãos de Deus. Cite algum fato do passado que o incomoda até hoje e que o tem impedido de alcançar seus objetivos.
_____
_____
_____
_____
_____
_____
_____
_____

Capítulo 8 — Segurança em meio às tempestades

1. Cite um acontecimento bíblico em que o socorro de Deus chegou no momento certo.

_____
_____
_____
_____
_____
_____
_____

2. Você acha possível obter vitória deitado numa rede e tomando suco de laranja? Por quê?

_____
_____
_____
_____
_____
_____
_____

3. Cite dois inimigos que sempre tentam nos derrotar.

_____
_____

4. De todas as vitórias que podemos obter, qual a mais abrangente?

_____
_____
_____

5. O que significa pecar?
_____
_____
_____

6. Cite dois inimigos menores, conforme Romanos 8:35, que muitas vezes reputamos como os maiores.
_____
_____

7. Complete os espaços:
a) As tribulações constituem as _____ da vida.
b) O ser humano não está equipado para andar _____.
c) Jesus sempre deu importância às questões da _____.

8. Por que, em nossa luta, o tempo não importa?
_____
_____
_____

Olhe para você

a) Diante da ideia de que nem sempre percebemos nossas vitórias sobre o diabo e o pecado, faça uma retrospectiva de sua vida nos últimos anos e tente identificar pelos menos um caso em que isso aconteceu.
_____
_____
_____
_____
_____
_____
_____

b) O que mais tem angustiado você ultimamente? Que benefícios concretos você obteria se conseguisse ficar livre dessa angústia?

_____
_____
_____
_____
_____
_____

Capítulo 9 — Provisão para todas as necessidades

1. O que revela a expressão "o meu Deus", do apóstolo Paulo?

_____
_____
_____

2. Explique com suas palavras o que Paulo quis dizer quando aconselhou os coríntios a imitá-lo.

_____
_____
_____
_____
_____
_____

3. O que o nome "Jeová-Jiré" está declarando?

_____
_____
_____

4. Por que motivo Deus nos consola em toda a nossa tribulação?
_____
_____
_____

5. Complete os espaços:
Toda vitória da nossa vida é "_____".

6. A quem Paulo escreve, quando diz que Deus, segundo as suas riquezas, suprirá todas as nossas necessidades?
_____
_____
_____

7. Qual o maior motivo para as constantes renovações de pactos com Deus?
_____
_____
_____

OLHE PARA VOCÊ

a) Pesquise nas Escrituras passagens que falam do consolo de Deus nas tribulações. Como você as aplicaria à sua atual situação?
_____
_____
_____
_____
_____
_____
_____

b) Você já esteve em uma situação em que se sentiu absolutamente esgotado, sem condições de reagir? Identifique os motivos que causaram isso. O que você faria para evitá-los?

___

Capítulo 10 — Lidando com os conflitos

1. Explique com suas palavras o dualismo entre o bem e o mal na natureza humana.

___

2. Quais os dois elementos geradores de conflito que Paulo identifica em Gálatas 5:17?

3. O que é batalha espiritual?
_____
_____
_____
_____
_____
_____
_____
_____

4. Complete os espaços:
a) Conflito leve é aquele que acontece cotidianamente e praticamente não traz nenhuma _____.
b) O conflito moderado envolve decisões mais sérias, como escolhas no nível _____ ou que afetam relacionamentos _____.
c) O grande conflito é uma situação _____, dramática, capaz de destruir nossa felicidade, promover a dissolução de uma família ou até levar à _____.

5. Cite as quatro maneiras de lidar com os conflitos.
_____
_____
_____
_____

6. O que significa a expressão "andar no Espírito"?
_____
_____
_____
_____

7. O que acontece quando Deus age em nosso lugar?

_____
_____
_____
_____
_____

8. Explique com suas palavras o que significa a frase "Deus escolheu as coisas loucas deste mundo para confundir as sábias."

_____
_____
_____
_____
_____

OLHE PARA VOCÊ

a) Que situação você considera o "grande conflito de sua vida"? Qual foi o resultado e como a Palavra de Deus o ajudou ou poderia tê-lo ajudado?

_____
_____
_____
_____
_____
_____

b) Cite uma ocasião em que você não foi vitorioso por se recusar a ceder. De que forma você agiria em situação semelhante?

_____
_____
_____
_____
_____
_____
_____

Capítulo 11 — Vencendo a depressão

1. Cite quatro sintomas da depressão
a) _____
b) _____
c) _____
d) _____

2. Cite três causas da depressão, segundo o Dr. James Dobson.
a) _____
b) _____
c) _____

3) Qual o primeiro passo para superar a depressão?

_____
_____
_____
_____
_____

4) Explique com suas palavras os cuidados que devemos ter nos momentos de vitória.

_____
_____
_____
_____
_____
_____
_____
_____

5) Em que consistiu a terapia divina aplicada ao profeta Elias?
a) _____
b) _____
c) _____
d) _____

6) De que forma Jesus venceu o inimigo na tentação do deserto?

_____
_____
_____
_____

7. O que impediu José do Egito de nutrir qualquer sentimento de amargura ou de ressentimento contra alguém?

_____
_____
_____
_____
_____
_____
_____

Olhe para você

a) Olhando a lista do Dr. James Dobson, aponte possíveis causas de depressão em sua vida.

_____
_____
_____
_____
_____
_____
_____
_____

b) Que espécie de "lixo" você tem acumulado em sua alma? Escreva tudo que conseguir lembrar e procure nas Escrituras formas de se livrar dele.

_____
_____
_____
_____
_____
_____
_____
_____

Capítulo 12 — Vencendo com a família

1. Como a Bíblia define o "temor do Senhor"?

_____
_____
_____

2. No livro de Eclesiastes, a que o trabalho está associado?
_____
_____
_____

3. No contexto de nosso estudo, o que mostra Salmos 128?
_____
_____
_____
_____
_____

4. Que tipo de instituição familiar o movimento feminista está tentando criar?
_____
_____
_____
_____
_____
_____

5. Além do sexo, quais as diferenças principais entre o homem e a mulher?
a) O homem _____
_____
b) A mulher _____
_____
_____

6. Em suas palavras, qual deve ser a atitude da família para com os filhos, diante do fato de que a ruptura é inevitável?

_____
_____
_____
_____
_____
_____
_____

7. Complete os espaços:
a) Como a família é a base da sociedade, um conjunto de famílias vencedoras resultará numa _____ próspera e justa.
b) Cristo afirmou que a igreja é a luz do mundo, e a família cristã é também _____ dessa luz.

Olhe para você

a) Até que ponto você tem se deixado influenciar pelas agendas políticas e campanhas midiáticas que se opõem à moral cristã?

_____
_____
_____
_____
_____
_____
_____
_____
_____
_____

b) Indique pontos em que sua relação com o trabalho e como provedor da casa precisa melhorar para se adequar aos princípios bíblicos.

_____
_____
_____
_____
_____
_____
_____
_____

c) Marido, como você tem exercido o papel de líder da casa? Mulher, como você tem lidado com a liderança de seu marido? Para ambos, em que você e seu cônjuge precisam melhorar?

_____
_____
_____
_____
_____
_____
_____
_____
_____
_____

Capítulo 13 — Enfrentando o inimigo no lar

1. Em que se baseiam as duas principais instituições divinas, o casamento e a igreja?

_____
_____

2. Explique com suas palavras por que devemos condenar o uso de drogas se a Bíblia não as menciona.

3. A que corresponde a codependência das drogas?

4. Com relação ao membro da família viciado em drogas, qual a diferença entre o facilitador e o omisso?

5. Em sua opinião, a traição pela Internet não tem maiores consequências? Explique.

6. Cite uma referência bíblica que fala sobre o poder da palavra.
_____

7. No caso de favoritismo, o que acontece com os filhos preteridos?
_____
_____
_____
_____

8. Complete os espaços:
a) Você não deve ser _____ mas também não pode deixar que seus filhos vivam como bem quiserem.
b) Não há disciplina sem _____.

OLHE PARA VOCÊ

a) Se existe algum dependente químico na família, que atitude você tem tomado com relação a ele? Está de acordo com o que foi sugerido aqui?
_____
_____
_____
_____
_____
_____

b) Como você analisa seu comportamento com relação aos seguintes itens:
Fidelidade: _____
_____
_____

Violência das palavras: _____
_____
_____

Comunicação: _____
_____
_____

Controle das finanças: _____
_____
_____

c) Como você analisa o comportamento do seu cônjuge com relação aos seguintes itens:

Fidelidade: _____
_____
_____

Violência das palavras: _____
_____
_____

Comunicação: _____
_____
_____

Controle das finanças: _____
_____
_____

d) Indique os pontos fortes e fracos de sua relação com os seus filhos.
_____
_____
_____
_____
_____

Capítulo 14 — Para liderar de forma vitoriosa

1. Além de definir sua visão, o que mais é preciso?

2. Qual a diferença entre o líder de caráter e o líder sem caráter?

3. Cite um exemplo bíblico de um líder que tomou uma decisão insensata.

4. De quem é a responsabilidade pela solução dos problemas que surgem repentinamente?

5. Por que não se deve inovar por mero capricho?

6. Complete os espaços:
a) O líder que só faz promessas, sem jamais cumpri-las, levará o povo ao _____ e ficará _____.
b) O líder cristão não deve apenas orar por questões específicas, mas ter uma _____.

OLHE PARA VOCÊ

a) Faça uma declaração de visão que expresse os objetivos de sua liderança.

_____
_____
_____
_____
_____

b) Como você avalia as últimas decisões que tomou? Alguma de suas decisões se mostrou insensata? Tomou alguma decisão recentemente que não pretende cumprir?

_____
_____
_____
_____
_____
_____

c) Cite um problema que você tentou solucionar e qual o resultado. Faria diferente, depois de ler este capítulo?

_____
_____
_____
_____
_____
_____

Capítulo 15 — A vitória do Senhor em minha vida

1. Explique com suas palavras como funciona a lei da semeadura.

_____
_____
_____
_____
_____
_____
_____

2. Por que é importante construirmos relacionamentos?

_____
_____
_____

3. Qual a importância de um relacionamento conjugal sadio e de uma família harmoniosa?

_____
_____
_____

4. Qual a importância de estar ligado a uma igreja?

_____
_____
_____

5. Complete os espaços:
a) Nunca devemos nos conformar com aquilo que somos ou temos; pelo contrário, precisamos agir para _____ cada vez mais.

b) Isso não significa viver em constante _____.

c) A própria Bíblia que nos exorta a alcançar a estatura de varão _____.

OLHE PARA VOCÊ

a) Que projeto você tem para sua vida? Compartilhe algo de meu testemunho que o tenha ajudado.

_____
_____
_____
_____
_____
_____
_____

b) Que tipo de crítica deixam você desanimado? O que em meu testemunho pode ajudá-lo a superar o desânimo?

_____
_____
_____
_____
_____
_____
_____
_____

Sobre o autor

Silas Malafaia é pastor e psicólogo. Além disso, é presidente da Assembleia de Deus Vitória em Cristo, na Penha, Rio de Janeiro (RJ). Desde 1984, coordena e apresenta o programa de televisão Vitória em Cristo, transmitido em todo o Brasil e nos Estados Unidos, na Europa e na África, alcançando 670 milhões de lares. Dono de um grande talento para falar com as multidões, atua como conferencista no Brasil e no exterior.

Este livro foi composto em Bembo 12/16 e impresso
pela Edigráfica sobre papel offset 63g/m² em 2014.